Schriftenreihe KONTEXT, Band 8

Marianne Carolus

Wie Schicksal spricht

Menschenkundliche Studien zur Reinkarnationstherapie

Frankfurt am Main,
3. Auflage Juli 2008

Info3-Verlag, Frankfurt am Main
Kirchgartenstr. 1, D-60439 Frankfurt

Inhalt

Einleitung

Wer lange nicht getanzt oder sein Musikinstrument nicht gespielt hat und es nach längerer Zeit wieder einmal versucht, macht eine erstaunliche Erfahrung: nicht der Verstand, sondern Hände und Füße „erinnern" sich und zaubern die richtigen Bewegungen aus sich hervor.

Als ich im Sommer 2005 bei meinem Sohn und seiner Frau im dänischen Limfjord zu Besuch war, fand ich dort schöne, vom Wasser geschliffene Steine. Ich konnte es nicht lassen, kaufte mir Schleifpapier und fing an, mit meinen eigenen Händen die Steine weiter zu schleifen, bis eine Körnung von 1000 oder sogar 1200 sie glatt machten wie Babyhaut. Zugleich wurde durch die Bearbeitung das Innere der Steine sichtbar: Innen wird Außen. So kann man in den Steinen ganze Welten entdecken, die im Werden sind: als blickte man in ein geronnenes Schöpfungsgeschehen, das dem Beobachten des Himmels gleicht. Der blaue Himmel mit seinen zahllosen Farben, Schleiern und Wolken in seinem fortwährenden Werden – das alles sieht man wie gefroren im Stein.

Ähnlich verhält es sich mit unseren inneren Erlebnissen: wir finden sie fest geworden in unserem Schicksal, im „Karma". Unser Bewusstsein kann nun lernen, gezielt weiter zu „schleifen" und sich in die so entstehende, innere Welt des Werdens hineinzubegeben. In der niederländischen Schule der Reinkarnationstherapie gehen wir nicht mit der Anwendung von Hypnose, sondern mit Hilfe verschiedener „Brücken" in das werdende Schicksal hinein. Das Leiden, das mich zum Therapeuten gehen lässt, hat wie das Wasser bei den Steinen das „Vorschleifen" schon übernommen und bildet den Ausgangspunkt der Therapie. Anstelle von Beruhigung oder Entspannung verstärkt dann der Therapeut im Vorgespräch zunächst die vorhandenen Gefühle oder das betreffende Körperempfinden, dann wird die Brücke gebaut: Wahrnehmungen, Gedanken, Emotionen und Körpergefühle machen das Erleben zu einer Ganzheit. Und wo der ganze Mensch seine Erfahrungen erleben kann, kann er sie auch verstehen und verarbeiten. Es sind gerade die dissoziierten, im Zustand von Schrecken, Schock und überraschendem Sterben erlebten Ereignisse, die nicht verarbeitet werden können und die uns deshalb nicht in Ruhe lassen. In tiefer Konzentration begibt sich nun der Patient, durch Fragen des Therapeuten angeregt, in seine tieferen Bewusstseinsebenen und erlebt dort in einem Zustand, den man als „bewusstes Träumen und Schlafen" bezeichnen kann, einen Strom von Impressionen, Bildern,

Gefühlen und Körperempfindungen. Dabei übernimmt der Therapeut die Rolle eines „Navigators".

Die Ausgangspunkte von Verknotungen oder Verstrickungen zum Beispiel in früheren Phasen der biographischen Entwicklung, im Kleinkindalter, in der pränatalen Phase oder in früheren Erdenleben werden aufgespürt und durch diese „Energiearbeit" verwandelt. Wie die Beispiele dieses Bändchens zeigen sollen, wird dabei mit seelischen und elementarischen Realitäten gearbeitet.

Im Idealfall sollte diese Verarbeitung im gesunden Schlaf beziehungsweise nach einem „guten" Sterben stattfinden. Schlimme Erfahrungen werden aber oft nicht verarbeitet, weder im Schlaf noch nach dem Sterben. Diese im Nachtodlichen ausgebliebene Kamaloka-Arbeit[1] kann man jetzt, im Leben, aber bewusst nachholen und in den eigenen werdenden, schaffenden und unsichtbaren Körper heilend integrieren.

Nach einer Sitzung gebe ich den Patienten manchmal einen Hinweis mit auf den Weg: das, was jetzt geheilt worden ist, ist wie ein Keimling, lebendig, aber noch sehr jung und zart. Wenn du ihn „analysierst", kannst du ihn vernichten – wenn du ihn aber pflegst, kann er wachsen. Am besten pflegst du ihn, indem du für dich selbst die wichtigsten Erlebnisse der Sitzung aufschreibst und die heilenden Erlebnisse ab und zu für dich wiederholst. Und sollte aus alter Gewohnheit heraus doch wieder einmal etwas von deinem alten Problem oder Leiden auftauchen, kannst du noch einmal hinschauen zu diesem vorigen Leben (oder deinem Erleben als Baby, Kleinkind usw.), wie damals tatsächlich etwas Schlimmes erlebt wurde – und wie du es dann lösen konntest. Aber auch ohne eine solche „Nach-Pflege" wirkt eine Sitzung intensiv nach und man spürt ihre Wirkung noch sehr lange.

Diese Art von Arbeit findet also innerhalb des höheren Bewusstseins der sonst unterbewussten, mit dem Körper verbundenen Ebene statt. Bildlich gesprochen stehen wir nicht am Ufer und stellen uns das Schwimmen nur vor, sondern wir tauchen tatsächlich unter und schwimmen. Menschen, die sehr stark in ihrem Kopfbereich leben, sage ich deshalb vor der Sitzung manchmal: Nimm alles ernst, was dir als erstes auf eine Frage einfällt, auch wenn dein Verstand dir sagt: warte noch auf etwas Besseres. Lass deinen Verstand sich nicht einmischen, denn dann fällst du sofort aus der tieferen Ebene des Bewusstseins heraus. Was du erlebst, nimm es ernst, ob es nun ein Wort ist oder ein Bild oder eine Körperempfindung, auch wenn dein Verstand es nicht versteht oder meint, es sei ja bloß Phantasie. Du nimmst dann eben auch die Phantasie ernst. Versuche aber nicht etwa, *während* der Sitzung die Phantasie zu interpretieren, denn auch dann fällst du aus dem Geschehen heraus. Mit dem, was du erlebst, ist es nämlich ähnlich wie mit den einzelnen Buchstaben: solange du nur ein „A“ siehst, kann dein Verstand stundenlang grübeln, was das nun für ein Wort sein mag. Wenn er aber einfach die nächsten Buchstaben mit hinzunimmt, kann er beispielsweise bald sehen, dass da das Wort „Asche“ steht. So ist es auch mit deinen Erlebnissen: sie sind wie Buchstaben, und erst nach der Sitzung hast du die ganze Geschichte gelesen und verstehst sie auch – ohne vorzeitiges Interpretieren.

Nun hoffe ich, dass man dieses Buch tatsächlich aus zwei Perspektiven lesen kann, sowohl vom „Ufer“ aus als auch vom Wasser. Oder, in einem anderen Bild gesprochen, wie einen geschliffenen Stein.

Ich bin vielen Menschen dankbar, weil ohne sie dieses Buch nicht entstanden wäre: Zu allererst natürlich meinen Patienten, den Teilnehmern meiner Seminare und den Studenten meiner Ausbildung. Dann natürlich meinen vielen Kollegen und vor allem meinem Lehrer Hans ten Dam. Ganz besonders auch meiner Familie: alle haben mich sehr unterstützt als ich begann, so viel zu arbeiten und zu reisen. Zuletzt danke ich Jens Heisterkamp vom info3-Verlag, der mein Manuskript mit großem Einfühlungsvermögen und viel Verständnis „eingedeutscht“ hat, und meiner Tochter Elisa, die die humorvollen Bilder beigesteuert hat.

Marianne Carolus, Bad Wimpfen am Neckar im Herbst/Winter 2005

Anmerkung

1 Siehe hierzu und zu anderen wichtigen Begriffen das Glossar im Anhang des Buches

Lähmung der unteren Stimmbandmuskeln infolge von Überspannung, also ein psychisches Leiden mit physischen Folgen – wie auch den Ansatz der Heilung: erhöhte Durchblutung des erkrankten Körperteils. Seither konnte er wieder normal sprechen. Sein ohne Stimme verbrachtes Lebensjahr, der Verlust der Arbeit und die Art der schließlichen Heilung waren aber für Cayce so bestimmend, dass er sie als tieferes Schicksal verstand. Es wurde festgestellt, dass Cayce sich willentlich in eine Art „Schlaf" versetzen konnte, durch den er Einsicht in Ursachen und mögliche Therapien der Krankheiten von Menschen erlangen konnte, die ihm vorgestellt wurden (er brauchte dazu nur die Namen und grundlegende Personalien zu kennen). Tatsächlich zeigten seine Heilungsvorschläge gute Erfolge. Cayce blieb in der Folge trotz zahlloser Anwendungen seiner Fähigkeit ein gewissenhafter Mensch, der seine Gabe nie kommerzialisierte. Er rang auch intensiv mit seinem Gewissen, als er manche Krankheitsursachen seiner „Patienten" in deren früheren Erdenleben entdeckte. Im Wesen blieb Cayce ein bibelfester, einfacher Christ, der er auch zuvor war; schon als Kind hatte er Christus dienen wollen, indem er ein Heiler und Helfer hatte werden wollen. Wegen der armen Verhältnisse seiner Eltern war ihm jedoch eine Ausbildung als Pfarrer nicht möglich gewesen. Nun fand er in der Bibel wie auch im frühen Christentum Belege für die Reinkarnation. In dieser Art entwickelte sich Cayce immer weiter, es entstanden Beratungen, bei denen unter anderem Krankheiten oder Lebensprobleme als Folgen von Taten oder Leiden früherer Leben erkannt wurden.

Die Autorin Gina Cerminara hat diese reinkarnationstherapeutischen Beratungen von Edgar Cayce in ihrem Buch *Many Mansions* herausgearbeitet. Dabei hat sie abschließend auch die dazugehörige Philosophie in poetische Worte gekleidet (in freier Übersetzung):

Gott existiert.
Jede Seele ist ein Teil von Gott.
(Du selbst bist eine Seele; du bewohnst einen Körper.)
Das Leben hat ein Ziel.
Das Leben geht ununterbrochen weiter.
Alles menschliche Leben folgt einem Gesetz.
Des Menschen Wille schafft sein Schicksal.
Des Menschen Geist hat formende Kraft.
Die Antwort auf alle Fragen liegt innerhalb des Ich.

heraus. Mit dem, was du erlebst, ist es nämlich ähnlich wie mit den einzelnen Buchstaben: solange du nur ein „A" siehst, kann dein Verstand stundenlang grübeln, was das nun für ein Wort sein mag. Wenn er aber einfach die nächsten Buchstaben mit hinzunimmt, kann er beispielsweise bald sehen, dass da das Wort „Asche" steht. So ist es auch mit deinen Erlebnissen: sie sind wie Buchstaben, und erst nach der Sitzung hast du die ganze Geschichte gelesen und verstehst sie auch – ohne vorzeitiges Interpretieren.

Nun hoffe ich, dass man dieses Buch tatsächlich aus zwei Perspektiven lesen kann, sowohl vom „Ufer" aus als auch vom Wasser. Oder, in einem anderen Bild gesprochen, wie einen geschliffenen Stein.

Ich bin vielen Menschen dankbar, weil ohne sie dieses Buch nicht entstanden wäre: Zu allererst natürlich meinen Patienten, den Teilnehmern meiner Seminare und den Studenten meiner Ausbildung. Dann natürlich meinen vielen Kollegen und vor allem meinem Lehrer Hans ten Dam. Ganz besonders auch meiner Familie: alle haben mich sehr unterstützt als ich begann, so viel zu arbeiten und zu reisen. Zuletzt danke ich Jens Heisterkamp vom info3-Verlag, der mein Manuskript mit großem Einfühlungsvermögen und viel Verständnis „eingedeutscht" hat, und meiner Tochter Elisa, die die humorvollen Bilder beigesteuert hat.

Marianne Carolus, Bad Wimpfen am Neckar im Herbst/Winter 2005

Anmerkung

1 Siehe hierzu und zu anderen wichtigen Begriffen das Glossar im Anhang des Buches

I. Zur Philosophie der Reinkarnationstherapie

Begriffsbestimmung

Das Verständnis von Wissenschaft bezieht sich in unserer Gesellschaft bislang allein auf die Welt der Sinne und stellt das Experiment sowie allgemein nachvollziehbare Forschungsmethoden an die vorderste Stelle. Zwar sind bezüglich der Reinkarnationstherapie auch solche, vergleichsweise klinische Studien bereits durchgeführt worden, zum Beispiel durch die Amerikanerin Dr. Helen Wambach *(Reliving Past Lives)*, die Tausende von Versuchspersonen im Rahmen kontrollierter Versuche in Trance versetzte, in frühere Verkörperungen zurückführte und die Ergebnisse statistisch auswertete. Auch Dr. Ian Stephenson hat nach üblichen wissenschaftlichen Kriterien zum Thema Reinkarnation geforscht und seine Ergebnisse veröffentlicht *(Cases of the Reincarnation Type)*. In der Therapie ist jedoch das primäre Ziel die *Heilung* des individuellen Patienten, sofern das betreffende Leiden auf allopathischem Wege sich als nur schwer oder gar nicht heilbar erweist, weil die Wurzeln des Leidens in der frühesten Kindheit, während der Zeit im Mutterleib, während der vorgeburtlichen Phase oder in einem früheren Leben liegen. Die Philosophie der Reinkarnationstherapie ist deshalb nicht gleichzusetzen mit einer Philosophie der Reinkarnationswissenschaft. Diese Therapie hat gute Resultate (van der Maesen, 2005), aber sie ist neu und wir betreten in den Sitzungen, die in vergangene Leben, in die Erfahrungen zwischen den Leben und in die Karma-Gestaltungen führen, noch immer wieder in Neuland. Dort existiert eine ungeheure Weisheit und Harmonie, Liebe und Logik – und deshalb entstand mein Bedürfnis, diese Therapieerfahrungen näher zu betrachten.

Ich möchte zu Beginn zunächst kurz die Entstehung der Reinkarnationstherapie skizzieren (genauere Literaturhinweise dazu finden sich im Literaturverzeichnis am Ende des Buches). In den alten Kulturen, z.B. in Indien, Ägypten und Griechenland, war das Wissen um Reinkarnation und Karma noch allgemein verbreitet, ebenso im Judentum sowie in der frühchristlichen Gnosis. In einem der apokryphen Dokumente, der *Pistis Sophia*, heißt es beispielsweise: „Wahrlich, ich sage Dir, die Lichtjungfrau erspart der Seele die Wiederverkörperung nicht, solange diese nicht ihren letzten Schekel nach ihrem Verdienst entrichtet hat."

Mit der römisch-christlichen Zivilisation in Europa sind diese Kenntnisse zeitweilig ganz außer Sicht geraten. Verstand und Wissensbetrieb konzentrierten sich auf die materielle Erde, alle nicht physisch-sinnliche Erfahrung wurde der Obhut der Kirche übergeben. Diese trennte scharf zwischen den Erlebnissen so genannter Hexen (Übersinnliches außerhalb der Kirche) und Heiliger (Übersinnliches innerhalb der Kirche). Sie erklärte, dass die Seelen nach dem Leben entweder die Hölle oder den Himmel erleben würden. Bis zur Reformation kannte man noch das läuternde „Fegefeuer" nach dem Tode, bis diese Vorstellung von der des Schlafes bis zum „jüngsten Tag" ersetzt wurde, wo dann das definitive Urteil gesprochen würde. Vor diesem endgültigen göttlichen Urteil ver-urteilte aber bereits die Kirche auf Erden. Mit den Mitteln der Inquisition verbannte die Kirche alte Kenntnisse gründlich aus dem allgemeinen Bewusstsein.

Diese Beherrschung der Kultur änderte sich grundlegend erst gegen Ende des 19. und zum Anfang des 20. Jahrhunderts. In der Psychotherapie entdeckte Freud den Zusammenhang der Verdrängung unverarbeiteter seelischer Erlebnisse und der Entstehung von Krankheiten. Als einen der wichtigsten verdrängten Phänomenbereiche entdeckte er die Sexualität (auch auf diesem Feld waren die Urteile der Kirche ungeheuer einschneidend gewesen). Freuds Schüler Alfred Adler untersuchte Verdrängungsprozesse zum Thema Macht und C.G. Jung erforschte die Verdrängungen der grundlegenden, zum Menschen gehörigen Tendenz zur Selbstverwirklichung überhaupt. In den USA und in England entwickelten sich dann systemische Ansätze der Therapie, Verhaltenstherapie und die Humanistische Psychotherapie. Damit war der psychotherapeutische Boden für Reinkarnationstherapie gelegt.

Schamanische Traditionen

Selbstverständlich ist nicht alle übersinnliche Erfahrung in unserer modernen Welt durch Kirche und Wissenschaft ausgemerzt worden. Im Buddhismus ebenso wie in anderen nicht-christlichen Religionen und ursprünglichen Kulturen bestand noch lange ein Wissen darüber, dass die Seele mehr erleben kann als nur *eine* Verkörperung – und dass Krankheiten genau damit zu tun haben können.

Die Realität der Re-Inkarnation, also einer Wiederverkörperung im Fleisch, verläuft nicht immer regelmäßig. Denn man befindet sich nicht immer „richtig" in seinem Körper. Das deutsche Wort „Körper" heißt auf Holländisch „Lichaam", der „Leichnam" ist auf Holländisch „Lijk". Lic-Haam bedeutet aber wörtlich „Fleisch-Hemd". Dass unsere Seele nicht immer in diesem Fleisch-Hemd drinnen ist und dass manche Form des Leidens damit zu tun hat, die Seele oder Teile der Seele aus anderen Lagen und Sphären zu befreien, ist ein wichtiger Aspekt der Reinkarnationstherapie. Dieser Aspekt ist aber bereits jahrhundertelang in den entsprechenden Techniken schamanischer Kulturen praktiziert worden.

Die Schamanen übten sich – oft jahrelang – darin, die Wege und Pforten zur Seelen- und Geistwelt zu begehen. Sie lernten auch die damit verbundenen Gefahren kennen. Da wir in der Reinkarnationstherapie häufig verirrten oder verstrickten Seelen (bzw. Seelenanteilen) von Verstorbenen oder Ungeborenen begegnen, kann es lehrreich sein, unsere Erfahrungen mit denen aus schamanischer Richtung zu vergleichen. Auch einige schamanische Rituale erscheinen als sinnvoll und in unserem Kontext anwendbar. Wenn unser Einstieg auch ein anderer ist, so begegnen wir uns doch in der gemeinsamen Welt heilender Aktivität. In *Die Welt der Schamanen* beschreibt Holger Kalweit ausführlich die schamanischen Praktiken bei verschiedenen Völkern. Er zitiert Lame Deer, der einmal das Typische eines Schamanen so charakterisiert hat: „Er will abseits der Menge bleiben und abseits des alltäglichen Tätig-Seins. Er will meditieren, sich gegen einen Fels oder einen Baum lehnen und die Bewegung der Erde unter sich fühlen. Auf diese Weise kann er vieles entdecken. Indem er seine Augen schließt, sieht er viel besser. Er liebt die Ruhe, die er wie eine Decke um sich wickelt. Es ist eine laute Stille, die mit Donnerstimme zu ihm spricht ... er hört die Stimmen von allem, was sich auf der Erde rührt.... er ist eins damit."

Vorstufen der Reinkarnationstherapie: Edgar Cayce

In den USA finden wir Vorstufen der Reinkarnationstherapie insbesondere bei Edgar Cayce. Er wurde 1877 in einer einfachen Bauernfamilie in Kentucky geboren und erlitt im Alter von 21 Jahren einen völligen Stimmverlust. Heilungsversuche blieben erfolglos, bis er schließlich einen Versuch mit einem Bühnenhypnotiseur mit Namen Hart unternahm. Dieser suggerierte ihm unter Hypnose, dass er wieder reden könne wie zuvor. Dies gelang auch tatsächlich, jedoch nur für die Dauer der Hypnose. Der Hypnotherapeut Layne ließ nun Cayce während einer Trance seine eigenen Stimmbänder untersuchen. Dabei entdeckte er sowohl die Ursache der Erkrankung – eine

Lähmung der unteren Stimmbandmuskeln infolge von Überspannung, also ein psychisches Leiden mit physischen Folgen – wie auch den Ansatz der Heilung: erhöhte Durchblutung des erkrankten Körperteils. Seither konnte er wieder normal sprechen. Sein ohne Stimme verbrachtes Lebensjahr, der Verlust der Arbeit und die Art der schließlichen Heilung waren aber für Cayce so bestimmend, dass er sie als tieferes Schicksal verstand. Es wurde festgestellt, dass Cayce sich willentlich in eine Art „Schlaf" versetzen konnte, durch den er Einsicht in Ursachen und mögliche Therapien der Krankheiten von Menschen erlangen konnte, die ihm vorgestellt wurden (er brauchte dazu nur die Namen und grundlegende Personalien zu kennen). Tatsächlich zeigten seine Heilungsvorschläge gute Erfolge. Cayce blieb in der Folge trotz zahlloser Anwendungen seiner Fähigkeit ein gewissenhafter Mensch, der seine Gabe nie kommerzialisierte. Er rang auch intensiv mit seinem Gewissen, als er manche Krankheitsursachen seiner „Patienten" in deren früheren Erdenleben entdeckte. Im Wesen blieb Cayce ein bibelfester, einfacher Christ, der er auch zuvor war; schon als Kind hatte er Christus dienen wollen, indem er ein Heiler und Helfer hatte werden wollen. Wegen der armen Verhältnisse seiner Eltern war ihm jedoch eine Ausbildung als Pfarrer nicht möglich gewesen. Nun fand er in der Bibel wie auch im frühen Christentum Belege für die Reinkarnation. In dieser Art entwickelte sich Cayce immer weiter, es entstanden Beratungen, bei denen unter anderem Krankheiten oder Lebensprobleme als Folgen von Taten oder Leiden früherer Leben erkannt wurden.

Die Autorin Gina Cerminara hat diese reinkarnationstherapeutischen Beratungen von Edgar Cayce in ihrem Buch *Many Mansions* herausgearbeitet. Dabei hat sie abschließend auch die dazugehörige Philosophie in poetische Worte gekleidet (in freier Übersetzung):

Gott existiert.
Jede Seele ist ein Teil von Gott.
(Du selbst bist eine Seele; du bewohnst einen Körper.)
Das Leben hat ein Ziel.
Das Leben geht ununterbrochen weiter.
Alles menschliche Leben folgt einem Gesetz.
Des Menschen Wille schafft sein Schicksal.
Des Menschen Geist hat formende Kraft.
Die Antwort auf alle Fragen liegt innerhalb des Ich.

Auswertung medialer Quellen

In der Bewegung der *Church of Religious Research* (nicht zu verwechseln mit der auf Ron Hubbard zurückgehenden *Scientology*!) wurden über Jahre hinweg reinkarnationstherapeutische Beratungen durch eine nicht-verkörperte Seele („Dr. John"), vermittelt durch das Medium Dr. F. Loehr, gegeben. Diese Beratungen wurden unter anderem von Dr. Helen Roberts aufgearbeitet. In ihrem Werk *Karma, the Great Teacher* weist sie auf einen Artikel von Loehr aus dem Jahre 1964 und zitiert ihn mit der Aussage: „Es gibt eine grundsätzliche Gerechtigkeit in dieser Welt ... Reinkarnation zeigt uns diesen Grundsatz der Gerechtigkeit, weil sie uns ausstattet mit der Behandlung, die wir selbst anderen geben. Wir kennen es als Karma. Dieses Wort bedeutet ‚Folge'. Es gehört zum Gerechtigkeitsmuster der Schöpfung Gottes ... Paulus sagt es in Galater 6,7 so: Irret euch nicht! Gott lässt sich nicht spotten. Denn was der Mensch sät, das wird er ernten... Es bedeutet nicht: Auge um Auge, Zahn um Zahn oder ähnliches. Es bedeutet ganz einfach die Reaktion auf unsere Aktionen.... es spiegelt uns alles, was wir tun und aus den Folgen unserer Taten können wir lernen ... Karma, der große Lehrer."

Dieses Lernen ist durchaus nicht beschränkt auf die Zeiträume der irdischen Verkörperungen. Dazu sagt Roberts unter anderem: „Manche Personen haben eine Wesensart, die einfach nicht die Potenz hat, weiter als bis zur physischen oder niederen astralen Ebene zu gehen. Aber diejenigen, die, vornehmlich in der inkarnierten Zeit, ein Bewusstsein entwickeln von anderen Wirklichkeitsdimensionen und anderen Dimensionen ihrer eigenen Wesenheit, größer als sie sich im Physischen und auf der Erde realisieren kann, diese Menschen haben Chancen, sich in Bewusstsein und Wesensart weiterzuentwickeln. Sehen Sie ... diese gehen durch den zweiten Tod hindurch ... ins Land des Lichts ... Im Osten sagt man: Der Wassertropfen kommt in den Ozean und so ist es. Dabei endet die Persönlichkeit nicht, sondern sie weitet sich."

Immer geht es dabei um Wachstum: „Tiefes spirituelles Wachstum braucht das Gewebe der Reinkarnation, schon um unseren Irrtümern eine Perspektive zu geben. Unser persönliches Gewebe aus Fehlern, Verbesserung und Wachstum gilt bereits für unser jetziges Erdenleben - unsere Seele aber hat ein solches Fehler-Korrektur-Wachstums-Gewebe, das viele Leben umfasst."

Vorstufen in Europa

Die beiden Weltkriege verursachten insbesondere in Europa eine unermessliche Welle des Leidens. In ihrer therapeutischen Arbeit während der ersten Hälfte des 20. Jahrhunderts entdeckten der Psychiater Denys Kelsey und vor allem seine hellsichtige Frau Joan Grant, dass manches Leiden unheilbar blieb, bis man zu den Wurzeln im vorigen Leben stieß. Dieses Phänomen war allerdings in der Kunst bereits keimhaft aufgetaucht, insofern in Rudolf Steiners Mysteriendramen (1910-1913) die Probleme und auch Leiden der Hauptfiguren so dargestellt werden, dass sie nur aus dem vorigen Leben verständlich und lösbar erscheinen. So zeigt das erste dieser Dramen, wie die Hauptperson Johannes ein erstes übersinnliches Erlebnis hat – er begegnet dabei der Seele einer Freundin, die aus Gram darüber, dass er sie verlassen hatte, gestorben war. Im vierten und letzten dieser Dramen erlebt nun dieser Johannes eine Art von Reinkarnationstherapie: er entdeckt, wie er im alten Ägypten ein trauriges Mädchen war, weil sein Geliebter es verlassen hatte, um sich dem Tempeldienst zu weihen.

Dieser Geliebte von damals ist nun die Seele geworden, die er durch mehrere Erdenleben suchte und der er folgte – auch jetzt, wo er ihretwegen seine (dann aus Gram sterbende) Freundin verlässt. In seiner mittelalterlichen Inkarnation erlebte er das Thema noch einmal anders: da hatte sein Vater – auf der Suche nach einem spirituellen Lebensweg – seine Mutter verlassen, die Mutter starb sogar ebenfalls aus Gram, und er folgte dem Vater.

Rudolf Steiner schreibt in seiner Schrift *Theosophie*: „In den Wirkungen seiner Taten lebt des Menschen Seele ein zweites selbständiges Leben weiter. Dies aber kann die Veranlassung dazu geben, das Leben daraufhin anzusehen, wie die Schicksalsvorgänge dieses Lebens eintreten. Etwas ‚stößt' dem Menschen zu. Er ist wohl zunächst geneigt, ein solch ‚Zustoßendes' wie ein ‚zufällig' in sein Leben Eintretendes zu betrachten. Allein er kann gewahr werden, wie er selbst das Ergebnis solcher ‚Zufälle' ist... er wird dann sein ‚Ich' nicht nur in seinen von ‚Innen' herauskommenden Entwicklungsimpulsen suchen, sondern in dem, was von ‚Außen' gestaltend in sein Leben eingreift."

Deutschland

Hier finden wir einige Therapeuten, unter denen Thorwald Dethlefsen einer der ersten Rückführungstherapeuten überhaupt war. Er betonte in seiner Arbeit sofort die Entwicklungsmöglichkeiten von Krankheit und Schicksal und entdeckte, wie das bewusste Wieder-Erleben eines alten Traumas befreiend wirken kann, auch wenn das Trauma schon vor der Geburt oder sogar im vorigen Leben stattfand.

Später arbeitete in Deutschland unter anderem auch Trutz Hardo. In seinem Handbuch zur Reinkarnationstherapie findet man Tendenzen aus Amerika (wo er lernte). So liest man bei ihm u.a.: „Als Bewunderer der Verhaltenstherapie bin ich mir ihrer Vorzüge gegenüber vielen anderen Therapien bewusst, erzielt sie doch meist schon mit der Kurzzeittherapie (25 Stunden) erstaunliche Resultate, neben denen zum Beispiel jene der Psychotherapie verblassen. Sie geht von der Grundüberzeugung aus, dass psychische und psychosomatische Probleme auf fehlgeleitetes Verhalten (sprich Programmieren) zurückzuführen sind und dass ein jedes solches Fehlverhalten durch korrigierendes therapeutisches Vorgehen wieder in ein normales Verhalten zurückverwandelt werden kann." Dies soll durch „Gegen-Programmierungen" geschehen. Hardo sieht den Menschen in Entwicklung mit dem Lernziel der Liebe, geleitet vom geistigen Prinzip des „Höheren Selbstes", wozu er erläutert, dass man das Höhere Selbst „mit dem Heiligen Geist gleichsetzen" könne. Im praktischen Teil seines Handbuches wirkt er dann aber doch eher wie ein Bühnen-Hypnotiseur, der sich vor allem selbst wichtig machen muss, wenn er sagt: „Und das Höhere Selbst reicht dir eine *Silberne Schale* mit einem Heiltrank darin und sagt: ‚Dies ist ein Trank, der dich nun von all deinen Schmerzen und von all deinem Leid befreit. Trinke …' Und du trinkst diese Flüssigkeit, die dir augenblicklich all deine Schmerzen und all dein Leid nimmt." Diese Therapie offenbart sich so als ein Gemisch aus Hypnotherapie und Esoterik, das von der sachlichen und gediegenen niederländischen Schule vollkommen verschieden ist.

Ein Pionier in Holland: Hans ten Dam

Hans ten Dam ist wohl weltweit *der* große Pionier der Reinkarnationstherapie. Seit den 80er Jahren liegen seine Einführungswerke *Exploring Reincarnation* und *Deep Healing* vor. Letzteres trägt den Untertitel: „Regressions- und Reinkarnationstherapie ohne Hypnose". Damit ist bereits viel gesagt. Von ihm habe ich unter anderem gelernt: Gerade indem du bewusst als ganzer Mensch, das heißt mit Gedanken, Gefühlen und in deinem Körper, jetzt deine in der Vergangenheit unverarbeiteten Schädigungen und Verletzungen verarbeitest, kannst du dich davon befreien. Alles dasjenige, was dich im Hier und Jetzt hindert, ganz du selbst zu sein und frei deinen eigenen Weg zu bestimmen, hat seinen Grund. Man kann sagen, dass es Karma ist, das heißt: unverarbeitete Erlebnisse aus der Vergangenheit. Du findest die Folgen im Hier und Jetzt. Vielleicht als Angst, vielleicht als Wut, vielleicht in Form körperlicher Leiden – es hindert dich. Du fühlst, dass es deines ist und übernimmst die Verantwortung. Du stellst dich deinem Schicksal. Der Therapeut oder die Therapeutin begleitet dich, damit du es als ganzer Mensch erleben kannst – denn eben das war „damals" nicht möglich. Erlebnisse, die uns zerstören (wie ein hinterhältiger Mord, Verbrennungen oder schwere Unfälle), wie auch Erlebnisse, die uns stumpf machen (jahrelange Haft, Krieg oder Sklaverei) und auch Erlebnisse, die wir nicht verstehen, weil wir sie vielleicht als Kleinkind erfahren haben oder in schlafendem Zustand – all dies erleben wir nicht als vollständige Persönlichkeit, sondern bruchstückhaft, und gerade deshalb bleiben sie unverarbeitet. Die Therapie lässt dich die Teile wieder finden, und wenn du diese unverarbeiteten Dinge noch einmal erlebt hast, nun wach und vervollständigt, kannst du sie auch verstehen, und so auch akzeptieren und verarbeiten. Deshalb sagt ten Dam auch: „Die Verarbeitung findet nicht in der Bilderreihe der Rückführung statt, sondern in den intellektuellen, emotionalen und körperlichen Ladungen, die dabei herauskommen."

Von Hans ten Dam habe ich selbst das „Fach" gelernt. Er machte deutlich, wie wichtig in dieser Therapie die Körpererlebnisse sind (Schmerz, Druck, Kälte etc.), genauso wichtig wie die Seelenerlebnisse (Emotionen ebenso wie das Leiden an Gefühllosigkeit) und die Bewusstseinserlebnisse (sowohl das Nicht-Verstehen wie auch bestimmte festsitzende Vorstellungen wie „Alle Männer sind grob" oder „Gläubige sind immer dumm" etc.). Die Reinkarnationstherapie hat sich dadurch wesentlich differenziert und verschiedene Begleittechniken für diese ganz unterschiedlichen Situationen entwickelt. Ten Dams Schüler Bontenbal und Noordegraaf entwickelten in einer eigenen Schule das Modell noch weiter, vor allem um das Hologramm-

Konzept herum. Demnach findet man sein „Thema“ in Metamorphosen im jetzigen Leben, in vorigen Leben, im Vorgeburtlichen und während der Geburt und Konzeption. Auch fügten beide explizit die Sinnfrage hinzu und die Idee, dass man nicht nur der einzelnen Beschwerde nachgehen soll, sondern eine ganzheitlich umfassende Therapie anbieten. Das bedeutet: die Ganzheit soll gefestigt sein. Man muss am Ende der Therapie die für einen selbst ideale Verbindung zum Körper, zum Fühlen, zum Denken und zur eigenen Spiritualität hergestellt haben, nach innen ebenso wie gegenüber der Umwelt, der Natur, den Mitmenschen und der Gesellschaft. Eben diese Ganzheit des Menschen, die er braucht, um er selbst sein zu können, ist es, die ich in diesen Studien aus der reinkarnationstherapeutischen Praxis heraus darstellen möchte. Ohne unsere richtige Verbindung mit Körper, Seele und Geist können wir unser Schicksal nicht meistern und unsere Zukunft nicht gestalten.

Rob Bontenbal – Zielsetzung

Das Therapiebuch von Bontenbal und van der Maesen existiert bislang nur auf Niederländisch. Es stellt einen Versuch dar – trotz des Themas – ganz fachwissenschaftlich zu bleiben und in diesem Bereich mit methodischer Exaktheit vorzugehen. Dr. R. van der Maesen schrieb die ersten 120 Seiten des Bandes zum Thema Menschenkunde und zeigt dabei, wie innerhalb der Psychologie, der Psychotherapie und in der Geschichte die menschliche Seele und ihre Verkörperung betrachtet wurden. In dem rund 260 Seiten umfassenden Teil zur eigentlichen Reinkarnationstherapie bemerkt Bontenbal: „Das Ziel der Reinkarnationstherapie reicht weiter als das Auffinden und Verarbeiten von Traumata, die zu polarem und polarisierendem Verhalten führten. Es reicht auch weiter als das Auffinden und Verarbeiten der mächtigsten polarisierenden Erfahrungen wie etwa des eigenen Täter-Seins. Ihr letztliches Ziel ist die Akzeptanz der menschlichen Existenz in all ihren Facetten, sich wieder verbunden zu fühlen mit allem, was ist.“ Ein dritter Teil des Buches dokumentiert Resultate und Erfolge der Therapie.

Die Impulse der „holländischen Schule“ werden heute europa- und weltweit aufgenommen.

Roger J. Woolger

Der Jung-Schüler und Reinkarnationstherapeut Dr. Roger J. Woolger hat den Begriff der „symbolischen Resonanz“ geprägt. Wir alle kennen das Phänomen, dass eine Klaviersaite mitzuschwingen beginnt, wenn genau dieser Ton erklingt. Das ganze „Hören-Können“ beruht auf der Tatsache, dass das Trommelfell im Ohr mit den in einem Ton erzeugten Luftwellen mitschwingt. Bei der Fähigkeit des Mit-Leidens mit anderen, sogar uns unbekannten Menschen, liegt etwas Ähnliches vor: im Gefühl (oder im Herzen) schwingt eigene Leid-Erfahrung mit. Auch unverarbeitetes Leiden, das vergessen schien, kann plötzlich wieder auftreten: die Saite schwingt mit. So kann der Verlust eines kleinen, äußerlich wertlosen Gegenstandes, mit dem aber (z.B. als Erbstück) eine letzte Erinnerung verbunden war, die ganze Trauer um den Verlust der dazugehörigen Person wieder auslösen. Solche „symbolische Resonanz“ tritt nun auch verbunden mit wesentlicheren Themen auf allen Ebenen auf.

Woolger unterscheidet sechs solcher Ebenen, die aber alle gleichwertig sind, wie die sechs Blätter einer Lotosblüte. So nennt er zunächst die existenzielle Lage, die aktuelle Problemlage, die zur Therapie führt; dann die Biographie; die Ebene des Körpers; die perinatalen Erlebnisse (also alle während der Schwangerschaft, der Geburt und der ersten Lebensjahre liegenden Erlebnisse); der Bereich des Archetypischen (das „Grundthema“ eines Menschen, etwa: „Ich finde keine Ruhe, ich bin immer tätig“); schließlich das vorige Leben. Auf welcher Ebene auch immer die Therapie ansetzt, sie sucht und findet immer eine Resonanz auch auf den anderen Ebenen. Er arbeitet in Amerika.

Ansätze in Nordamerika

In Amerika hat Helen Wambach mit ihren groß angelegten Forschungen einen Boden bereitet: die Möglichkeit der Rückerinnerung an vorige Leben wurde von tausenden Menschen erfahren und bestätigt. Auch die Psychotherapie hatte sich mit Rogers, Maslow und Erickson sowie mit den Experimenten von Stanislaf Grof sehr erweitert. Winafred Lucas hat dann weltweit die Reinkarnationstherapeuten verbunden und das zweibändige Grundlagenwerk mit Beiträgen aus Amerika und Europa zusammengestellt *(Regression Therapy Volume I and II)*. Mittlerweile haben sich die verschiedenen Schulen weiterentwickelt und differenziert.

In Amerika findet man die mehr hypnotherapeutischen Ansätze einerseits und ein eher „weicheres", New-Age-orientiertes Vorgehen andererseits. Lucas aber gelingt es, das Wesentliche, das alle verbindet, herauszuarbeiten, wenn sie beispielsweise sagt: „Wir befinden uns auf einer Reise der Seele zurück zu unserer Quelle, und alles, was geschieht, zu jeder Zeit in unserem Leben, stimmt genau mit den persönlichen Stationen dieser Reise überein.... Dabei erfahren wir diesen Ursprung als ein grundsätzlich unbegrenztes Bewusstsein, kontinuierlich, ohne Raumesgrenzen, allwissend, das den eigentlichen Kern unseres Wesens ausmacht. Dabei ist es das Karma, von dem wir noch gar nicht alles verstehen, das das perfekte Muster bildet und ebenso die Grundlage für unsere Therapie. Wir finden in den karmischen Anlagen des Patienten nicht nur das, was er ‚verdient' hat, sondern genau das, was er braucht, um weiter wachsen zu können..." Ohne hier näher auf diese karmischen Muster eingehen zu wollen kann man (mit Lucas) sagen, dass wir oft Polaritäten ausleben (zum Beispiel abwechselnd als eher reicher und armer Mensch, als Täter und Opfer, als Herr und Diener etc). Wichtig ist auch der Befund, dass sich ein solches Seelenmuster auf verschiedenen Ebenen äußert: in größerer wie kleinerer Dimension. Auch mit einem solchen Hologramm-Konzept wird in der Therapie gearbeitet.

Diese Muster befinden sich in den Energiefeldern auf mehreren Ebenen. Dabei formt schließlich der Äther-Körper das Muster des physischen Körpers. Alle Ereignisse beeinflussen die verschiedenen Ebenen des Menschen und umgekehrt. Die meisten Therapeuten arbeiten mit den drei Wesens-Schichten des Menschen: dem Ätherkörper, dem emotionalen Körper und dem mentalen bzw. spiritualen Körper. Oft werden dabei auch die Chakren einbezogen. Und schließlich ist wesentlich, dass man entdeckt hat, dass die Liebe eine Energie ist, „nicht ein Gefühl, sondern ein Ausdruck positiver Energie" (Lucas). Genauere Texte dazu findet man im ersten der beiden von Lucas unter Mitarbeit von dreizehn Therapeuten veröffentlichten Studie. Die Mitwirkenden stützen sich fast allesamt auf akademische Ausbildungen, es sind Ärzte, Psychiater und Psychologen. Diese beiden Bände bilden eine Pflichtlektüre für alle, die als Reinkarnationstherapeuten arbeiten.

Seelische Dimensionen

Dieser relativ kleine Überblick zeigt bereits etwas meiner Ansicht nach sehr Wesentliches der Philosophie der Reinkarnationstherapie: sie verlangt nämlich, dabei voller Toleranz und Offenheit zu sein. Mein Grundsatz lautet: „Nimm alles ernst" (– was ein Lächeln bei der Arbeit nicht ausschließt, denn ohne Humor muss und kann diese Arbeit nicht vor sich gehen).

Das „Fleisch-Hemd" unserer Verkörperung ist Materie – es hat Grenzen und ist in seiner Räumlichkeit undurchdringlich für andere feste Körper. Dieser kleine Eigen-Raum, in dem wir wie in einem Schnittpunkt der Raumes-Koordinaten drinnen sind, brauchen wir existenziell: er macht unsere Höhe, Breite und Fülle aus, die unsere irdische Existenz bestätigt. Die Seele, die ebenso in diesem Erdenkörper wie auch in der geistigen Welt lebt, bildet die Brücke, die wiederum drei Dimensionen hat: die des Wollens (zwischen dem Vorwärts-Stürmen und dem Sich-Zurückziehen), des Fühlens (zwischen „auf Wolken schwebend" und „am Boden zerstört") und des Denkens bzw. Vorstellens (zwischen Einerseits und Andererseits). Auch in diesem Seelen-Raum befinden wir uns in der Mitte dieser „Koordinaten".

Ein Kaleidoskop hat drei Spiegel, die unsere Hand von außen bewegt; die geistige Welt umfasst uns von „außen" voller Licht (Verständnis), voller Liebe (Verzeihung) und voller Wärme (Akzeptanz). Wie in einem Kaleidoskop (**Bild 1**) finden wir das Gleiche, Ureigene des individuellen Menschen in zahllosen Metamorphosen wieder: zum Beispiel im Geburtshoroskop, in den Handlinien, in der Augen-Iris; aber auch in den besonderen Erlebnissen während der Schwangerschaft, in der für jeden einzigartigen Weise des Geboren-Werdens (hier findet man „Schlachtfeld"-artige Phänomene ebenso wie „königliche" Formen des „Hereintretens" ins Leben); so dann natürlich die ganze Biographie mit ihrem Grund-Duktus, aber auch die Körperhaltung eines Menschen, die Art des Gehens, die Folge der früheren Leben - all das zeigt unverwechselbar „mich" und keinen anderen, genauer gesagt „mein Karma". Und genau so, wie sich bei einer kleinen Bewegung das ganze Bild im Kaleidoskop wandelt, verhält es sich auch hier: So kann ich nach einer persönlich wichtigen Arbeit, einem wichtigen biographischen Schritt (das kann unter anderem auch eine Therapie sein) beispielsweise meine Geburt, die ich bisher vielleicht nur als grausam, kalt oder ungewollt gesehen habe, jetzt als „wohlig" erleben - weil ich jetzt nämlich neu die Anwesenheit der Großmutter mit ihrer Liebe und Hilfe spüre - und dabei hatte ich gar nicht am Thema „Geburtserfahrung" gearbeitet ...

Dieser neue Schritt aber hat alles – meine Art, meine Perspektive – geändert. Kein Karma, keine Biographie ist dieselbe: alle tragen wir eine ganze Welt in uns: wir sind wie Welten, wir alle. Zugleich aber sind wir – alle – kleine Menschen, zusammen lebend und sich entwickelnd in einer gemeinsamen, großen Welt.

Karma, Kultur und Entwicklung

Der Mensch als ein werdendes Wesen schreitet so durch mehrere Leben, wobei er sich nicht nur in einem Fleisch-Hemd verkörpert, sondern auch in einer bestimmten Familie, einem Ort, einem Volk, einer Sprache, einer Kultur oder Religion. Dabei geht es immer um Entwicklung und das Erreichen einer heilen Ganzheit. Das bedeutet, dass sich Extreme suchen, um sich auszugleichen. War man beispielsweise in einem früheren Leben ein fanatischer Christ, wird man möglicherweise im jetzigen Leben als Kind eines ganz a-religiösen Elternpaares geboren oder vielleicht in eine streng muslimische Familie, vielleicht aber auch in ein gemäßigt christliches Elternhaus. Es gibt viele Möglichkeiten, ein Extrem auszugleichen, was natürlich auch nötig ist, weil der ehemalige fanatische Christ ein vielseitiges Karma aufgebaut hat.

Diese Einsicht hat etwas Erschütterndes, gerade wenn man sich tief mit der jeweiligen eigenen Kultur oder Religion identifiziert. Im Grunde wirkt sie aber befreiend. Sie bedeutet nicht, dass die Werte der eigenen Kultur oder Religion herabgesetzt werden - nur, dass die Werte anderer Kulturen genauso hoch geschätzt zu werden verdienen, zumindest aber aufrichtig respektiert zu werden.

Ein mehr pessimistisches Modell der Parallelität der Kulturen in der Gegenwart verbreitet der amerikanische Politik-Stratege Samuel Huntigton. Er stellt in seinem einflussreich gewordenen Buch *Clash of Civilisations* die „westliche" Kultur neben die chinesische, die japanische, die hinduistische, die islamische, die lateinamerikanische und die afrikanische Kultur, ist aber der Auffassung, dass es in unserer Gegenwart nicht zu einem friedlichen Nebeneinander, sondern eben zu einem „Clash" zwischen den Kulturen kommt.

Im Sinne der Geschichtsauffassung Rudolf Steiners haben die Kulturen eine andere Bedeutung. Verschiedene „Kulturepochen" entsprechen hier den unterschiedlichen weltgeschichtlichen Zeitaltern, innerhalb derer sich die wiederverkörpernden menschlichen Seelen weiterentwickeln. Steiner unterscheidet dabei eine Alt-Indische Kultur, eine Alt-Persische, dann die Ägyptisch-Babylonisch-Assyrische Kultur (die frühen Hochkulturen der Menschheit), die Griechisch-Römische Epoche (bis Anfang des 15. Jahrhunderts) und unseren gegenwärtigen Zeitraum. Jede dieser „Kulturepochen" steht unter dem Motto der Arbeit an einer bestimmten Bewusstseinsqualität. Die kulturelle Evolution der Menschheit ist so gleichzeitig die Evolution der Individuen. Selbstverständlich bleiben dabei immer Reste früherer Kulturen erhalten, während sich schon erste Ansätze der zukünftigen anbahnen.

In der Gegenwart haben wir eine Situation der Gleichzeitigkeit von sehr unterschiedlichen äußeren Kulturen, die aber doch unter dem gemeinsamen Vorzeichen eines Übergangs zu einer neuen Bewusstseinsstufe stehen. Das bedeutet nichts Geringeres als dass gegenwärtig die menschlichen Seelen, die sich verkörpern, sehr viele Möglichkeiten haben, auch um verpasste Entwicklungschancen in einem geeigneten kulturellen Umkreis nachzuholen. Alle Kulturen sind dabei grundsätzlich „gleichberechtigt" in ihren unterschiedlichen Werten und Traditionen.

In der Reinkarnationstherapie stellt sich aber auch heraus, dass es bestimmte Kulturen gibt, die eher zum „Bleiben" einladen. Sie formen die Seelen so, dass sie sich oft wiederholt in dieser einen Kultur inkarnieren. Ten Dam gibt dazu Beispiele, aber auch der amerikanische Rabbi Yonassan Gershom hat viele Fälle von Wiederverkörperungen innerhalb der jüdischen Gemeinschaft beschrieben.

Als Reinkarnationstherapeut begegnet man in den Sitzungen Inkarnationen aus verschiedensten Kulturen und Zeitaltern, bis zurück zu Steinzeit-Erlebnissen und in tief vorgeschichtliche, atlantische Zeiträume hinein. Wir lernen dabei, alles Urteilen zu unterlassen und stattdessen immer größeren Respekt für das Karma zu empfinden.

Mythologisches Bewusstsein ernst nehmen

Eines der Urteile, die wir dabei fallen lassen, ist auch, bestimmte Inhalte als bloße „Phantasie" abzutun. Wenn wir nämlich in vorgeschichtliche Zeiten vordringen, befinden wir uns mitten in mythischen Zuständen. Wir erkennen dann, dass in diesen Zeiten die menschlichen Körper viel weniger fest waren und deshalb die Seelen viel weniger intensiv „verkörpert" sein konnten als wir es kennen. So wie heute am Himmel noch fortwährend die aus Wasser, Luft, Eis und Licht bestehenden Wolken ihre Form ändern, tat der Mensch selbst dies in früheren Zeiten auch. Das dazugehörige mythische, das heißt nicht-unterschiedene Einheitsbewusstsein finden wir in Ansätzen auch heute noch in der frühesten Kindheit. Die Mythen beschreiben Realitäten. Die Welt war anders, und unser Bewusstsein ebenfalls. Um dieses frühere Bewusstsein wieder zu verstehen, müssen wir unser gegenwärtiges verändern. Das Verständnis dafür wächst bereits. Schon Carl Gustav Jung entdeckte das kollektive (Unter-)Bewusstsein wieder, den Ort der Archetypen.

Fähigkeiten des Erinnerns

Der niederländische Psychologieprofessor Draaisma legte eine Studie über die Veränderungen des Bewusstseins und des Erinnerns im Verlaufe des menschlichen Lebens vor, und unterschied neben der willkürlichen Erinnerung auch ein „funktionelles Erinnern". Wir kennen alle auch das Phänomen des ortsgebundenen Erinnerns: die Stelle, wo etwas geschah, lässt uns daran zurückdenken; dies braucht gar nicht immer bis ins Bewusstsein zu gelangen. In der Reinkarnationstherapie werden uns neben der bewussten Erinnerung gerade auch die tieferen Formen, die emotionale Erinnerung und die Körpererinnerung, bewusst.

Obwohl unsere Erinnerungen ganz persönlicher Natur sind, haben wir auch gemeinsame Erlebnisse mit uns verbundenen Menschen und somit auch gemeinsame Erinnerungen. Aber ähnlich wie die Wolken ineinander übergehen können und wie wir uns als Kinder ganz mit der Umgebung (mit Eltern und Geschwistern) eins fühlten, so waren wir mit unserer ganzen Umwelt in den vor-geschichtlichen Zeiten eins. Die Mythen haben wir als Gruppen-Iche wirklich erlebt. Es war unsere „Traumzeit", so wie sie die Aborigines-Völker in Australien und anderswo heute immer noch erleben und leben – Marlo Morgan hat es in ihrem bekannten Buch beschrieben. Auf dieser Ebene des Gefühls- oder Traumbewusstseins erfahren wir auch das Seelische und die Beseeltheit unserer Umwelt. Alles erscheint uns dann wesenhaft, und wir können mit Bäumen, mit Tieren und mit Steinen „sprechen".

Aber was sind das eigentlich für Wesen, diese Geister, die wir in Vögeln, in Flüssen und Wolken, Bergen und Tempeln finden? Viele Kulturen und Traditionen reden da von Göttern, andere von Djinns oder Geistern. Auch meint man die Seelen der Vorfahren in der Natur zu finden. In der Therapie findet man alle diese Möglichkeiten bestätigt.

False Memory-Syndrome

In der Psychologie ist das Phänomen bekannt, dass sich jemand an etwas zu erinnern glaubt, das nach der Sachlage seiner Umwelt und der ihn umgebenden Menschen nicht möglich sein kann. Selbstverständlich kann man nun einfach sagen: Wissenschaftlich und faktisch gibt es kein voriges Leben, also sind diese Erinnerungen falsch. Inzwischen gibt es jedoch mehrere Fälle, in denen Reinkarnationserinnerungen mit Hilfe historischer Recherche nachgewiesen werden konnten. Aber es gibt natürlich auch tatsächliche Irrtümer und Fehler in der Interpretation solcher Erinnerungen. Beispielsweise kann sich jemand an etwas erinnern und dabei zunächst meinen, es handle sich um frühe Kindheitserlebnisse (z.B. einen frühkindlichen Missbrauch). Dies hat aber nicht wirklich stattgefunden. Vielleicht aber spielte sich etwas Derartiges in einem früheren Leben ab – vielleicht auch mit einem ganz anderen Kind. Vielleicht hat man es aber auch nur am Fernsehen oder im Film miterlebt und mit seinen Erinnerungen vermischt.

Es verhält sich hier wie bei drei Schalen mit Wasser, wobei eine Schale heißes, eine kaltes und eine lauwarmes Wasser enthält. Die Hand wird das lauwarme Wasser als „heiß" oder „warm" erleben, wenn sie zuvor im kalten Wasser war, sie wird es als „kalt" empfinden, wenn sie zuvor heißes Wasser gefühlt hatte. Die Hand hat auf ihre Weise Recht; ebenso verhält es sich mit der Erinnerung. Das richtige Erinnern ist bereits selbst eine gute Therapie.

Mensch und Makrokosmos

Sehr interessant ist, wie der Biologe Rupert Sheldrake mit der Idee seiner „morphischen Felder" in seinem letzten Buch *Engel – die kosmische Intelligenz* das Phänomen einer kosmischen Intelligenz erklärbar fand, die man zu allen Zeiten als Engel kannte. Gemeinsam mit dem Theologen Matthew Fox untersuchte er Engeldarstellungen bei Dionysios Aeropagita, Hildegard von Bingen oder Thomas von Aquin. Sheldrake entwickelt dabei auch die Hypothese einer morphischen Resonanz, eines Gedächtnisses der Natur. Sheldrake zufolge können wir uns das Universum nur holistisch vorstellen, „strukturiert in einer Folge von Organisationsebenen innerhalb einer ineinander gefalteten Hierarchie oder Holarchie. Auf jeder Ebene sind die Dinge sowohl Ganzes als auch Teile ... Auf jeder Ebene ist das Ganze mehr als die Summe seiner Teile. Ich gehe davon aus, dass eine solche Ganzheit auf dem beruht, was ich als ein morphogenetisches Feld bezeichne, ein organisierendes Feld, welches der Struktur des Systems zugrunde liegt." Mit Blick auf Dionysos stellt er fest: „In der modernen Naturwissenschaft haben wir Felder, die Muster geben, und Energie, die Aktualität, Bewegung und Aktivität gibt. Dionysos sieht die Cherubim als den musterbildenden oder weisheitlichen und die Seraphim als den brennenden oder entzündenden Aspekt der ersten Prinzipien, die der manifesten Welt zugrunde liegen."

Bereits zu Ende des 19. Jahrhunderts wies Steiner in seiner Philosophie der Freiheit auf einen Denkfehler der medizinisch-naturwissenschaftlichen Theorie, wonach unser Gehirn unsere Gedanken und Vorstellungen erzeugen soll. In Wirklichkeit bildet unser Gehirn nur die Grundlage für das Bewusstwerden der Erlebnisse der Seele. Wie nun Sheldrake über die Erforschung der makroskopisch-kosmischen Felder die göttliche Wesenhaftigkeit unserer Welt entdeckt, finden wir Reinkarnationstherapeuten über die vielen, tief in den Seelen der Menschen liegenden Erlebnisse aus vergangenen Zeitaltern und die Muster, die sie mit den jetzigen Erfahrungen verbinden, zu genau dieser göttlich-wesenhaften Beseelung der Welt. Dabei stoßen wir auf das Prinzip der Evolution und lernen allmählich verstehen, dass die so genannten Zufälle aus göttlichen Intelligenzen nach hohen Mustern aus unseren eigenen Taten heraus um unseres Wachstums willen gebildet wurden. Und wir sind schon lange dabei – mit einbezogen, teilhabend und mit-schaffend.

Wiederverkörperung und Religion – Beispiele

Abschließend ein Beispiel zum Thema Wiederverkörperung und Religion. Ein Mensch, dem sein Glaube etwas Wesentliches bedeutet und der dies auch so nach außen vertritt, hat dennoch, wenn er sich im Inneren mancher Kirchen aufhält, unangenehme Gefühle, möchte sogar fast lieber hinausgehen – und will jetzt diese irritierenden Gefühle verstehen und möglichst auch loswerden.

In der Therapie erlebt sich die Seele fast sofort in einer Distanz von etwa hundert Metern von einer alten Steinkirche entfernt („die ich aber gar nicht kenne"). Therapeutin: „In welcher Lage befindest du dich? Hast du einen Körper?"

Patient: „Ja – aber ich verstehe nicht..."

Wir finden heraus, dass es sich um ein Mädchen handelt, etwa 16 Jahre alt. Ihre Kleider wirken „komisch, gar keine richtigen Kleider, nur Tücher, grobe Tücher". Sie ist barfuß und ihre Haare sind zerzaust, weil es immer windig und sie schon lange unterwegs ist. Sie traut sich nicht in die Kirche hineinzugehen, wegen ihrer verfilzten Haare, und auch deshalb, weil überall Menschen mit Pferden herumstehen, die sie gar nicht verstehen kann, weil sie eine ganz andere Sprache sprechen. Wir entdecken nun, dass sie auf der Suche nach Menschen ist. Und zwar lebt sie seit einiger Zeit mit ihrer Großmutter und einem kleinen Bub in einer Höhle im Wald. Sie haben zwar zu essen, aber nachts ist es sehr kalt. Der Bub ist nicht ihr Bruder.

In einer Sitzung erlebt man oft Szenen, die man nicht auf Anhieb versteht, weil man das Ganze noch nicht überschaut. Jede Szene ist aber wie ein Buchstabe. Wenn man nur ein „R" sieht, kann sich der Verstand noch so sehr abmühen zu begreifen, welches Wort das nur sein soll. Wenn er aber ruhig weiter „liest" - also in der Sitzung ruhig die durch die Fragen des Therapeuten geführten weiteren Szenen in seinem Bewusstsein aufkommen lässt, kommt allmählich ein Sinn in das Ganze, und zu dem „R" kommt noch ein „U" und ein „H" und ein „E" – „Ruhe". Über das Buchstabieren lernt man das Lesen. Dazu muss man Vertrauen haben und sich die Buchstaben zeigen lassen – sich also den Erlebnissen anvertrauen.

Großmutter und Enkelin lebten ursprünglich in einem kleinen Dorf; man wohnte in sehr kleinen Häusern und es gab eine starke Verbundenheit unter der Dorfbevölkerung. Sie hatten keine Kirche, aber einen Mann, zu dem alle gingen, weil er immer Rat wusste. In dem Dorf ging es oft lustig zu. Die Großmutter webte und das Mädchen spielte, sie sang, tanzte und spielte mit den anderen Kindern. – Dann kam ein Abend, an dem auf einmal alles brannte. Es brannte überall.

Großmutter ist aufgeregt, weiß aber genau, was zu tun ist: sie packt rasch alles zusammen, man kann nicht bleiben. Das Mädchen steht aber unter Schock: zwischen Rauch und Flammen sieht es viele Soldaten mit Helmen und Schwertern. Vor den Augen des Mädchens töten sie die junge Mutter eines kleinen Buben. Als die Großmutter sie nun zu sich heranzieht und vorwärts drängt, nimmt sie schnell den Kleinen auf den Arm und begibt sich mit der Großmutter auf die Flucht. Sie gehen durch den Wald, wo die Großmutter die Wege sehr gut kennt. Sie finden einen Verschlag und ein paar Vorräte. Nur Nachts ist es kalt. Nach mehreren Tagen nun macht sich das Mädchen auf die Suche nach Menschen...

Sie findet niemanden mehr vom Dorf, aber auf der anderen Seite des Waldes befindet sich eine steinerne Kirche. Sie wartet, bis die fremden Männer fort sind und wagt sich dann in den schönen Bau. In der Kirche aber ist es dunkel, fremd und unheimlich – sie sieht Totenschädel und eine Kerze, die auf einem Steintisch brennt. Sie will wieder hinaus. Auf einmal ist da so ein Mann. Er nimmt sie bei der Hand und spricht – aber sie versteht nicht, reißt sich los und rennt davon. Die Männer aber nehmen sie aufs Pferd. Während sie dauernd an die Großmutter und den Bub denkt und daran, wie sie zu ihnen zurück könnte, reiten sie durchs Land, bis an eine Art Mauer mit einem Loch. Dort wird sie an Frauen übergeben, die ihr die Haare schneiden, sie waschen, ihr ein Gewand geben (aus feinerem Stoff als sie es kennt) und vor allem bekommt sie zu essen und zu trinken. Sie bittet auch sofort um Essen und Trinken für die Großmutter und den Buben. Zuerst versteht sie niemand; dann aber findet sie eine Frau, die ihre Sprache versteht. Sie erzählt ihr ihre Sorgen. Die Frau beruhigt sie: „Hab' keine Sorge, bleib erst mal hier." Sie hat nun keinen Hunger mehr, darf aber auch nicht weg – zu ihrer eigenen Sicherheit, wie man ihr sagt. Endlich sieht sie ihre Chance: beim Wasser holen sieht sie ein Pferd, sie reitet zum Wald und zum Versteck. Dort findet sie die beiden, aber die Großmutter ist krank geworden und erkennt sie kaum noch. Nach einer Weile lacht die Großmutter sie an – aber das Mädchen begreift, dass sie sterben muss.

In der Sitzung, in der all dies bewusst wird, wird viel geweint, weil dies damals nicht möglich war, denn so vieles war da zusammengekommen. Die Großmutter nahm den Kopf des Mädchens in die Hände und drückte sie an ihre Brust und sagte zum Abschied: „Bleibe im Wind." Als ich frage, was sie damit meinte, sagt das Mädchen: „Sie meint, bleibe in meiner, in Großmutters Seele – lasse dich nicht einsperren." Sie blieb bis zuletzt bei der Großmutter. Dann sammelte sie mit Hilfe des Jungen Holz und rieb zwei Hölzer so lange, bis sich der Holzstoß entzündete. Sie ist dann zusammen mit dem Jungen in das Kloster zurückgegangen, wo beide versorgt wurden. Sie „musste dann immer in die Kirche".

In der Therapie darf sie dann noch einmal mit Großmutters Seele reden – und ihr ein paar Sorgen mitteilen: „Ich wäre lieber früher zu dir zurückgekommen." Und: „War es richtig, dass du in der Höhle gestorben bist?" Und schließlich: „Ist es richtig, dass ich in der Kirche bin, wo die Menschen sind, die du nicht verstehen kannst?" Dabei gibt die Großmutter ihr nochmals ihren Segen und die Freiheit, den eigenen Weg zu gehen. Das Mädchen dankt für die Liebe und die Kraft und nicht zuletzt für den Humor, den die Großmutter ihr gab. Die Großmutter geht „ins Licht".

Ein wesentlicher Teil der Therapie ist damit geschehen. Bei dem Versuch des Patienten, sich lebhaft vorzustellen, im jetzigen Leben nochmals zu der jetzigen Kirche zu gehen, spürt er eine neue Freiheit.

Als Therapeutin weiß ich aber: da ihr erstes Erlebnis dasjenige mit der Steinkirche war, ist noch mehr zu tun. Deshalb bitte ich sie, die Seele nochmals zum Kloster gehen zu lassen und die Frau zu suchen, die ihre Sprache verstand. Jetzt, wo alles vorbei ist, von Seele zu Seele, dankt sie nun dieser Frau für ihr Verständnis. Dann aber fragt sie: „Diese steinerne Kirche - was sind das für Totenschädel darin?“ – Die Antwort kann die Patientin zuerst nicht glauben. Ich versuche, sie zu ermutigen. Und langsam versteht sie: ein Dorf mit heidnischer Bevölkerung wurde niedergebrannt. Die Bewohner wurden getötet und ihre abgehauenen Köpfe in die Kirche gelegt. Die Kinder wurden ins Kloster gebracht - eine entsetzliche Wahrheit.

Die Seele geht nun noch einmal in die Steinkirche und fleht die Seelen der ermordeten Dorfbewohner an, sie anzuhören und mit ihr zu reden. „Ich war eine von euch“, sagt sie etwa, „wir haben ein gutes Leben gehabt, wir haben für einander gesorgt, wir waren für einander da, es herrschte Liebe und Eintracht...“ Als Therapeutin begleite ich sie, um die Bewohner zu finden. Sie redet mit der Frau, deren kleinen Jungen sie rettete und mit dem Mann, zu dem immer alle gegangen sind. Allmählich sammeln sich die Seelen aller Dorfbewohner. Die Seele des Mädchens zeigt in tiefer Trauer, wie schwer es ihr ist, dass sie nicht gemeinsam mit den anderen gestorben ist: „Ihr musstet alle sterben, ich aber lebe; ich kann doch nicht leben...“ Dann ermuntere ich diese Seele, den Dorfmenschen das Schicksal von Jesus zu zeigen, wie er hingemordet wurde. Im gleichen Moment, wo sie den Dorfbewohnern den gekreuzigten Jesus zeigt, geschieht Folgendes: „Jesus kommt vom Kreuz herunter; er nimmt das Kreuz ... ein Stück weit ... legt es vor sie hin ... und steht da ...“ Dann frage ich, ob sie den Dorfbewohnern zeigen kann, wie Jesus für seine Mörder um Vergebung bat, weil sie nicht wussten, was sie tun – und wie er nach dem Tode auferstand im Licht. Als das Mädchen ihren Dorfbewohnern dies zeigen kann, beschreibt sie Folgendes: „Sie legen jetzt alle ihre Kreuze dazu – es wird ein großer Holzstoß – und ich entzünde ihn, wie damals beim Tod der Großmutter. Und es wird ein Feuer, das brennt und brennt. Auch Großmutter ist jetzt dabei und alle Dorfbewohner – und sie lachen! – und nehmen sich an den Händen – und der Mann, zu dem immer alle gegangen sind, er nimmt auch mich an die Hand ...“

Als Therapeutin arbeite ich hier aus der Frage des Patienten heraus, ganz unabhängig von meiner eigenen religiösen Überzeugung. In allen Arten, Gott zu verehren, gibt es heilende und erlösende Qualitäten. Zudem kann man eine Frage, auch wenn sie in einem religiösen Kontext steht, auf mehrere Weisen lösen: zum Beispiel hätte ich ein Sich-Begegnen der verschiedenen damaligen Gegner anregen können. Die Art des Begleitens habe ich aus der Situation der Sitzung heraus dieses Mal so gewählt.

Dann wird anschließend noch gearbeitet an dem Kreuz, das sie selbst noch trägt. Dazu geht sie zu der Mutter des Jungen. Nachdem sie dieser zeigt, wie ihrem Jungen geholfen wurde und ein guter Mensch aus ihm wurde, zieht die Mutter den Speer aus ihrer Brust und heilt ihre Wunde. Für den endgültigen Seelenfrieden bittet sie den Mann, zu dem immer alle gegangen sind, ihr das Kreuz abzunehmen, weil sie es selbst nicht kann – und er tut es. Als er ihr verzeihen kann, kann sie auch sich selbst verzeihen. Er gibt ihr eine kleine weiße Feder. Als sie nun innerlich zu der Steinkirche geht, sind die Schädel weg – alles ist weg. Nur die Feder ist da. Sie tanzt, getragen vom Wind.

Nun wird in der Sitzung noch der damalige Sterbeprozess der jungen Frau, die mit etwa 45 Jahren tödlich krank geworden war, durchgearbeitet. Danach kann sie endgültig das damalige Leben „ins Licht" gehen lassen.

2. Reinkarnationstherapie und der Körper

Leiden des Körpers

„Ein Mann kam zur Reinkarnationstherapie. Im Vorgespräch beschrieb er die Probleme auf seiner Arbeitsstätte. Er fühlte sich fortwährend ‚klein gemacht'. Zu Hause spürte er, wie er mit seinem kleinen Sohn um die Zuwendung seiner Frau wetteiferte, wobei er das Krankhafte dieser Eifersucht einsah. Die Lage schien kompliziert, aber auf die Frage, welches Symptom er am liebsten ändern würde, war seine Antwort einfach: ‚Die Kopfschmerzen', sagte er. Ich überschaute meine Notizen. Kopfschmerzen hatte er bis dahin nicht erwähnt. ‚Ich habe Kopfschmerzen. Jeden Vormittag. Bei Tagesbeginn wache ich damit auf. Wenn ich etwas mit Koffein nehme, Medizin oder Kaffee, bleibt es erträglich, sonst wird es zu Migräne. Ich erbreche, packe meinen Kopf in Handtücher. Nichts hilft.' Da fängt die Arbeit dann an, es werden verschiedene karmische Gründe für diese Kopfschmerzen gefunden und aufgearbeitet, erst aus dem vorigen Leben und dann auch aus der Zeit um die Geburt im jetzigen Leben, die die Veranlagung der Kopfschmerzen gebildet haben, in diesem Fall eine Zangengeburt."

Dieses Literaturbeispiel stammt von Dr. Morris Netherton (Past Lives Therapy) und ist sehr charakteristisch. Menschen kommen mit ihren vielen Problemen und Krankheiten und irgendwie spürt der Arzt und Therapeut, dass alles etwas miteinander zu tun hat: dass man nicht richtig „im Körper drin ist". In der Therapie kann man dann oft feststellen, dass sich Seelen-Teile zusammengeballt und festgeklammert in bestimmten Organen befinden: manchmal im Herzen und oft im Magen, im Kopf oder im Rücken.

Es kann aber auch sein, dass Seelen-Teile während einer gefährlichen Situation einfach den Körper verlassen haben: wenn man sich zum Beispiel einmal vor Angst „am Boden wie festgenagelt" fühlte, kann es sein, dass die Seelenanteile in den Boden geglitten sind. In anderen Fällen – wie bei Missbrauch – können sie zu einer Blumenwiese mit einem Baum am Bach geflohen sein. Und wir finden auch Körperteile, die von Seelen-Teilen einflussreicher Mitmenschen wie Eltern, Familienmitglieder oder Lehrer „besetzt" sind. Dass sich die Seele an solchen Stellen im Körper nicht frei erleben kann, hat einen Grund – aus der Vergangenheit – und es bedeutet einen wichtigen Schritt in die Zukunft, wenn die Seele dies jetzt als Aufgabe erleben und lösen lernt.

Isolde Mehringer-Sell, Expertin für Reinkarnationstherapie mit Kindern, beschreibt in ihrem Buch den Fall von Michael, einem Kind, das an Asthma und Neurodermitis leidet. „Meist sind diese Krankheiten Folge blockierter Körpergefühle aus früheren Leben, in der Regel Erfahrungen des Erstickens, bzw. des Verbrennens oder Verätzens der Haut. Wenn es mir gelingt, diese Körper-Erfahrungen dorthin zurückzubringen, wo sie tatsächlich erlebt wurden, dann kann Michael sie in seinem gegenwärtigen Leben loslassen.“ Die Therapeutin beschreibt dann, wie sie dem Kind hilft, tatsächlich an diese Erfahrungen heranzukommen, in sie einzudringen und sie zu verarbeiten. In diesem Fall ging es um den Absturz in einem brennenden Flugzeug – er war Pilot gewesen –, ein unverarbeitetes Sterben mit Erstickungszuständen und verbrannter Haut, was jetzt bewusst erlebt wird und dann auch losgelassen werden kann.

Roger J. Woolger beschreibt in seinem Buchkapitel *Zarter Körper, dichter Geist* mehrere Beispiele für körperliche Leiden, die aus fest gewordenen Erinnerungen an vorhergehende Leben entstanden. Eine junge Frau mit colitis ulcerosa etwa trug an dem unerträglichen Elend eines achtjährigen Mädchens, das von Nazis erschossen worden war; ein Mann mit chronischen Rückenschmerzen erlebte einen grausamen Tod mit zerschmettertem Rücken unter einem Wagen; eine Frau mit Asthma und Augenleiden fand sich als mittelalterlicher Mönch wieder, den man beschuldigte, ein ganzes Dorf zu einer ketzerischen Lehre verführt zu haben; das Dorf war niedergebrannt worden und er hatte es mit ansehen müssen: mit tränenden Augen, schwer atmend im Rauch von brennenden Menschenleibern.

Immer ist es wesentlicher Bestandteil dieser Therapie zu helfen, richtig „ins eigene Fleisch“ zu kommen, sich zu in-karnieren: die Tatsache, dass man bereits in anderem „Fleisch“ gelebt hat, beeinflusst die Art des Sich-Verkörperns, der eigenen Re-Inkarnation (des Wieder-ins-Fleisch-Kommens).

Der Körper als Wohnung, Instrument und Bild

Was ist denn eigentlich unser Körper? Er wird wohl betrachtet als „Wohnung der Seele", vielleicht gar als „Tempel" oder auch als „Kleid", das man trägt oder als „Fahrzeug". Er gibt mir Schutz und ist der Raum, wo ich ganz ich sein kann. Er verbindet mich mit der Erde, weil er doch aus Erdenstoff gebaut ist, und verbindet mich mit der Natur. Aber er ist noch viel mehr. Wenn eine Pianistin ein schönes Klavierstück spielt, kann ich nur staunen dass es möglich ist, so ergreifende Seelenerlebnisse mit Hilfe des Körpers auszudrücken. Und Ähnliches gilt für andere Kunstwerke, für Architektur und handwerkliche sowie technische Spitzenleistungen. Hier wird bereits eine Polarität sichtbar: der Körper einerseits als schützender Innenraum, andererseits als Instrument, mit dessen Hilfe ich meine Umwelt prägen kann. Anatomisch kommt die Schutz-Geste des Körpers am deutlichsten in der knöchernen Schädelhülle zum Ausdruck, aber auch im halboffenen Brustkorb und im Becken. Der instrumentelle Aspekt dagegen wird am stärksten in den Gliedmaßen sichtbar. Ungeheuer geschickt ist allein der Bau der Beine und Hände: wie eindrucksvoll dies eingesetzt werden kann, sieht man bei Musikvirtuosen, Tänzern und überhaupt bei schaffenden Menschen. In manchen Maschinen und Robotern ist dieses Instrument mittlerweile nachgeahmt – wobei meist auf groteske Weise die Großartigkeit des Originals erst richtig hervortritt.

In der Medizin sieht man heute den Körper als ein feines, kompliziertes Gerät an, das von den Genen gesteuert wird, dem mit Medikamenten und Technik geholfen werden kann und von dem schließlich beim Tod die noch brauchbaren Dinge dem Recycling zugeführt werden sollten. Ein Sack voller Organe, das klingt zynisch, entspricht aber der Wirklichkeit.

Vielleicht sehe ich sogar selbst meinen Körper ein Stück weit so an, einfach weil es so üblich ist. Aber wie erlebe ich meinen Körper? Das ist ungeheuer verschieden: die einen hassen ihren Körper, finden ihn zu groß, andere zu klein, zu zart, zu grob, wieder andere zu hässlich, zu dick oder vom falschen Geschlecht. In der Reinkarnationstherapie können die Betroffenen herausfinden, dass es genau der richtige Körper für sie ist. (**Bild 2, nächste Seite**) Alles, sogar meine Migräne und meine Rückenschmerzen, hat seine Gründe. Man kann sie finden und oft auch heilen. Denn es ist mein Körper und er trägt meine Erinnerungen. Bei jemandem, der übergewichtig war, stellte sich beispielsweise heraus, dass ein unverarbeiteter Hungertod vorlag. Es kann sich aber auch um das mangelnde Wagnis handeln, schön sein zu wollen, oder um das Bedürfnis nach einer Schutzhülle. Was es auch sein mag,

es hat einen Grund. Der Körper ist Schutz, ist Instrument, aber auch Bild: er sagt und zeigt etwas. Wollen wir hören und sehen? Oder wollen wir nur das „Instrument" prüfen und versorgen?

Inkarnation von der Empfängnis an

Die Kinder eines Elternpaares können sehr verschieden sein, denn die Eltern stellen eine unvorstellbare Vielfalt an genetisch-leiblichen Kombinationen zur Verfügung. Es ist nicht nachvollziehbar, wenn die materialistische Naturwissenschaft hier allein „Zufall" am Werk sehen will. Gerade in der Reinkarnationstherapie zeigt sich, dass von Anfang der Menschwerdung an das Seelische (wenn auch noch nicht bewusst) bestimmend mit beteiligt ist. Dabei ist sie in größere Zusammenhänge eingebunden und folgt bis ins Detail ihren ganz persönlichen Schicksalsfäden, die meist genau beim vorangegangenen Sterben anknüpfen.

Genauso, wie wir morgens beim Aufwachen die Tatsachen, Tätigkeiten, Pflichten und Aufgaben des Vortages wiederfinden, so finden wir in einem neuen Erdenleib – wenn auch knospenhaft und in Metamorphose – dasjenige um uns herum, was noch auf Verarbeitung wartet. Das gilt nicht nur für hohe, bewusste Ziele, sondern – gerade – auch für ganz Alltägliches. Das kann dann beispielsweise so aussehen, dass eine Seele, die während einer Schlacht im Kriege umgekommen ist, sich bei der Konzeption zu einem Elternpaar hingezogen fühlt, das sich permanent streitet. Starb jemand in einem früheren Leben durch den Strang oder wurde erwürgt, dann kann die Geburt zum Beispiel mit einer um den Hals geschlungenen Nabelschnur erfolgen. Natürlich gibt es auch friedliche Umstände: man erinnert sich während des Sterbens dankbar, wie man liebevoll in den Armen der Mutter lag – und kommt dann tatsächlich wieder in solche Arme ... In keinem Fall aber kann hier von starren Gesetzen die Rede sein – nur dass es immer im Nachhinein nachvollziehbare Gründe gibt (und sinnvolle!).

Das Neugeborene schläft sehr viel. Erst allmählich zieht es ganz in den neuen Körper mit seinen Bewegungen und Äußerungen hinein und berücksichtigt dabei auch die Erfahrungen aus dem früheren Leben. Ein großes Maß an Hunger in der vormaligen Verkörperung kann zu Essstörungen führen, die Abneigung oder gar Allergie gegenüber bestimmten Nahrungsmitteln kann die Folge von strengen ehemaligen Ernährungsregeln sein oder im Zusammenhang mit einem Tod durch falsche Ernährung oder Vergiftung stehen. Dabei wiederholt man keineswegs nur die Gewohnheiten des vorigen

Lebens, sondern entwickelt sie weiter, nicht selten bis hin zu ihrer Polarität. So kann ein über-bewegliches Kind sehr wohl die Reaktion sein auf ein Sterben, dem ein langer Zeitraum des Gelähmt-Seins vorangegangen war, z. B. indem man lange Zeit im Koma gelegen oder etwa an Kinderlähmung gelitten hatte. Ein Fallbeispiel von Netherton beschreibt aber auch als Ursache erlittene Elektro-Schocks im vorigen Leben.

Ort der vergessenen Erinnerung

Meist offenbart sich der Körper bereits in der Kindheit als ein „Ort der vergessenen Erinnerungen", insofern nicht verarbeitete Erlebnisse als körperliche Beschwerden auftreten. Forscher und Autoren wie Ian Stevenson, Hans ten Dam oder Isolde Mehringer-Sell zeigen eindrucksvolle Beispiele dafür, wie beispielsweise Knochenwachstumsstörungen, Asthma oder Neurodermitis sich als im Körper aufgetretene „Erinnerungen" von nicht verarbeiteten schweren Leiden oder Unfällen aus dem vorigen Leben zeigten. Aber auch weniger auffällige körperliche Veranlagungen führen in diese Richtung, beispielsweise die Linkshändigkeit oder das körperlich „steife", ungeschickte Auftreten mancher Kinder. Wenn sich der Familienumkreis oder die Schule dann mit diesen Phänomenen auseinandersetzt, kann mitunter manches, was an sich gut gemeint ist, für die Seele des betroffenen Kindes das unverarbeitete Trauma eher noch befestigen. Das gilt besonders dann, wenn Erziehende nach „festen Regeln" arbeiten und nicht absolut individuell die Bedürfnisse des betreffenden Kindes abspüren, sondern beispielsweise einen Linkshänder zum Schreiben mit der anderen Hand drängen oder einem ungeschickten Kind Extra-Turnstunden verordnen. Gerade der Linkshänder kann in seinem vorigen Leben den linken Arm verwundet oder gelähmt gehabt haben und mit dem vorgeburtlichen Drang zur Welt gekommen sein, dies nun auszugleichen: diesmal will er eine tüchtige und dominierende linke Hand haben! Wenn nun ein gutmeinender Erzieher ihm einprägt, dass dies die „falsche" Hand sei, kann das die Seele des Kindes völlig durcheinander bringen. Als langjährige Schulärztin halte ich es für wesentlich unterscheiden zu können, ob eine Linkshändigkeit besteht oder ob eine vorübergehende motorische Unsicherheit vorliegt. Nur im letzteren Fall wären Anregungen zum Wechsel des Gliedmaßenschwerpunktes angebracht. Ansonsten würde die Erziehung gerade die Erinnerung des vorigen Lebens: – „diese Hand ist falsch und kann es nicht" – bestätigen. Ebenso können die Extra-Turnübungen ein Trauma noch bestätigen und die körperliche Steifheit erst recht befestigen.

Ein Beispiel

Ein Teilnehmer meiner Reinkarnationstherapie etwa fand eine Wurzel seiner Probleme in seiner Kindheit, wo er im Kindergarten als „steif" eingestuft wurde. Er musste an besonderen Bewegungsstunden teilnehmen, die sein Problem dann tatsächlich zum Trauma werden ließen. An sich lag eine richtige Idee zugrunde: denn diese Seele suchte schon die körperliche Beweglichkeit. Wie war diese „Steifheit" im Kindergarten entstanden? Ganz einfach: als die Kinder am Ende des Vormittages wieder abgeholt wurden, nannte die Erzieherin die Kinder eins nach dem anderen beim Namen; die Kinder standen daraufhin auf und verabschiedeten sich. Was geschah da mit dem Kind? Erst meinte es: „Ich höre die Erzieherin einfach nicht ... ich träume doch immer ... bin doch ganz verträumt ... aber ... doch – ich höre sie ganz gut! (sichtlich erstaunt) ich höre sie gut – und doch hab' ich keine Eile ... ich bin doch in Gefangenschaft – doch! Ich habe es schon eilig (wieder erstaunt) ... aber ich werde festgehalten ..." Das Kind entdeckt, dass ein grauer Schatten es festhält; dieser ist durchsichtig und wird jetzt, wo er entdeckt ist, noch etwas dunkler und weniger schwebend; das Kind fühlt sich wie zerschlagen. Der graue Schatten ist ein unverarbeitetes Schicksal, das mit seinem unverarbeiteten und nicht akzeptierten Sterben noch nicht beendet war.

Im damaligen Leben war er im Wald aufgewachsen, zunächst ganz zum Dorf und der dortigen Gruppe von Kindern dazugehörend. Dann hörte er einmal unbeabsichtigt ein Gespräch der Eltern mit einem Besucher, wonach er eine besondere Aufgabe erhalten würde: er sollte schon bald ein Kräuterheiler werden. Sich alleine intensiv mit den Kräutern zu verbinden isolierte ihn jedoch sehr von all seinen Spielkameraden. Er wurde jedoch ein so guter Heiler, dass schließlich sogar der örtliche Burgherr nach ihm schickte. Ihn heilte er so erfolgreich, dass der Herr ihn nach seinem Tode zu seinem Nachfolger bestimmte. Bald aber muss er bemerken, dass seine weisen Ratschläge gar nicht verstanden werden, und nach etwa zwei Jahren erscheint eine Gruppe von Männern, die ihn ins Burgverlies einsperren. Die Männer beraten untereinander, was nun geschehen soll, sie wollen ihn keinesfalls töten, aber neue Machtstrukturen schaffen: Nach außen soll er weiterhin als Herrscher erscheinen. Über die näheren Modalitäten entsteht ein heftiger Streit, und während man schon drei Tage lang verhandelt, hat man ganz vergessen, dass sich der neue Burgherr in einem ungeheizten Verschlag befindet, in den das Wasser des Burggrabens eindringt. Es ist aber Winter und dem Mann sind mittlerweile die Füße im stehenden Wasser eingefroren. Als er aufwacht, versucht er, sich zu bewegen, und als er seine letzten Kräfte dafür aufwendet ist es, als bräche in seinem Rücken etwas entzwei. Einige Stunden später erscheinen die Männer und sehen mit Schrecken, was geschehen ist, panisch, wie sie sind, gelingt es ihnen zunächst nicht, die Türe zu öffnen. Der Burgherr meint, dass er noch lebt, aber Füße und Beine sind ihm erfroren. Man versucht, ihn am Leben zu erhalten, erklärt ihm, nichts Böses zu wollen, nur solle er brav weiterleben und tun, was man verlange. Diese ganze Situation war noch präsent – er hatte das Sterben gar nicht gespürt, wohl aber das Festgehalten-Werden und die Verhinderung seiner Initiative. In der Therapie wird ihm klar, dass er durch die Erziehung in seinem vorigen Leben zu sehr isoliert wurde. Deshalb hatte er auch seine Ideen nicht wirklich an seine Mitmenschen weitergeben können – und sein Ende hatte buchstäblich in machtloser Steifheit und Erstarrung gelegen. Als dieses Leben durchgearbeitet und der Burgherr kein grauer Schatten mehr ist, sondern ins Licht gehen konnte, gehen wir in der Therapie noch einmal zu der Kindergartenszene. Er lebt sich wieder ganz ein, wie er da sitzt, schon weiß, dass er gleich an der Reihe ist – und kann sich sofort fröhlich zum Abschied melden. Der Körper ist jetzt ganz – für seine Seele – da.

Inkarnieren im jetzigen Leben

Der Körper trägt aber nicht nur – von der Seele mitgenommene – Erinnerungen an vergangene Leben in sich, sondern auch Schädigungen und Narben des jetzigen Lebens. Diese äußern sich keineswegs (nur) in physischen Narben, sondern beispielsweise auch im Vorhandensein von Energie-Fremdkörpern. Ähnlich wie mikroskopisch kleine Viren und Bazillen den Körper zerstören können, ist dies auch mit nicht-materiellen Einflüssen möglich. Aus der therapeutischen Reinkarnartionsarbeit sind viele Beispiele bekannt, wie beispielsweise Urteile von Medizinern während der Operation von dem an den Körper gebundenen Unbewussten und dem Lebensleib des Patienten aufgenommen werden. Und weil diese tiefere Bewusstseinsebene eher „gehorsam“ als automatisch wirkt, kann dann eine Meinung der Ärzte wie „das wird nicht besser werden“ einen Prozess der Nicht-Heilung in Gang setzen (Mehringer-Sell gibt hier das Beispiel eines Knochentumors).

Aber auch bei einem Autounfall kann, wenn die Seele in einem Schock kurz aus dem Körper geschleudert wird, Schrecken oder Wut des Unfallpartners in den (halb) verlassenen Körper einziehen. Dies verhindert, dass die andere Seele nach dem Schock wieder richtig in ihren Körper hineinkommt. Auch wenn rein medizinisch längst „alles wieder in Ordnung“ ist, können

– vor allem beim so genannten Schleudertrauma – jahrelange Beschwerden die Folge sein. Auch solche Probleme kann man in der Therapie heilen, indem man zum Ursprung zurückgeht und genau auffindet, was zum Zeitpunkt des Unfalls in den Körper hineingeraten ist. Dort löst man es heraus und verarbeitet den Schock, zusammen mit dem beteiligten Seelen-Teil des anderen Fahrers. Das Wesentliche dabei liegt darin, dass bis dahin diese fremden Energieeinflüsse nicht als fremd erkannt werden, als quasi-eigene Anteile weiterexistieren und den Körper in falsche Richtungen steuern.

Dass solche Phänomene nicht als fremd erkannt werden, hängt mit dem fehlenden Bewusstsein in Zuständen von Schreck, Angst oder Folter zusammen oder auch mit dem Kleinkindalter, denn kleinere Kinder überleben oft in lebensbedrohlichen Situationen, indem sie innerlich „verschwinden". Wenn mit ihnen geschimpft wird oder wenn sie gar geschlagen werden, stockt ihnen der Atem und die Seele „zieht sich zurück". Die Kinder werden verträumt und sind nicht mehr „ganz da". Sie bekommen einen „Stein im Bauch", einen Knoten im Hals, sie verkrampfen sich teilweise zu tief und zu fest im Körper (um sich zu halten), teilweise aber auch zu wenig (weil sie „nur weg" wollen).

Evolution der Körper

Wie tief im Körper zu sein ist nun richtig? Genauer müsste man eigentlich fragen: An welcher Stelle ist es wie tief richtig? Sehen wir uns in diesem Zusammenhang einmal den Körper im Rahmen der Evolution an: In der Natur gibt es Steine, die, ähnlich den Knochen im Leib, völlig fest sind. Ein Bewusstsein auf dieser Stufe des Mineralischen ist für uns meist nicht spürbar. Was den Stein-Körper auszeichnet, ist seine feste Form, die er bewahrt. Er ist tot und bewahrt seine Gestalt: Deshalb eignet sich der Stein als Grabmal für die Toten und als Material für Denkmäler, mit denen wir Erinnerungen festhalten wollen. In Zeiten, als man noch von den Elementarwesen der Gesteine wusste, hat man sie je nach ihrer Art (z. B. in der Edda) weise, intelligent, schlau, geschickt und gierig genannt. In dem auf die Steine folgenden Naturreich, dem Reich der Pflanzen, finden wir bereits für jede Pflanzenart eine charakteristische Form, die auch erhalten wird, aber immer wieder zerfällt und neu aufgebaut werden muss. Dabei entwickelt sich die Form schöpferisch durch Metamorphose. Auch an den Pflanzen nehmen wir meist nicht wahr, dass ein Bewusstsein vorhanden wäre. Allerdings erlebt man beispielsweise an den Blüten etwas wie ein seelisches Wesen als „Kleid" in Farbe,

Form und Duft, die Pflanze umspielend, als spiegelte sich die Pflanzenseele in einer Oberfläche wie der Himmel auf einer Wasseroberfläche.

Erst beim Tier spüren wir etwas wie Bewusstsein in dem betreffenden Körper. Da folgen die ersten selbständigen tierischen Gebilde, die sich aus ihrem Mutterschoß, dem Wasser, gelöst haben. Fische, Amphibien und Reptilien (wie z. B. Krokodile) zeigen verkörpertes, aber ganz elementares seelisches Wesen. Diese nicht sehr hoch entwickelten Tiere sind noch sehr tief mit der Materie verbunden und zeigen nur wenige Emotionen. Erst bei den Säugetieren wird das anders: hier gibt es gegenseitige Hilfe, Spiel und auch Trauer beim Verlust von Partnern. Das Tier erhält wie der Stein seine feste Form, verwandelt sich durch Wachstum wie die Pflanze und erschafft als Neues einen eigenen Innenraum, wo es die Stoffe der Außenwelt vernichtet und zu eigener Materie umwandelt. Bei den Säugetieren steigt die Seele weniger tief in den Stoff und der Embryo braucht zur Entwicklung den Mutterleib, er begnügt sich nicht mehr damit, in die Erde gelegt zu werden. Der Tierkörper ist ganz den Instinkten entsprechend gebildet und lässt die Seele in den Emotionen spielen.

Aus diesem Kreislauf der Instinkte und Gefühle hebt sich die menschliche Seele heraus, indem sie ein bewusstes Gedächtnis dazu entwickelt (im Unterschied zu dem unbewussten, instinktiven Gedächtnis der Tiere). Und auch ihr Dasein kann diese Seele bewusst planen lernen. Die innere Geste des Sich-Heraushebens aus den Naturreichen zeigt sich leiblich in der aufgerichteten Gestalt.

Im menschlichen Gehirn sind die Gehirnanlagen unserer evolutionären Vorstufen wie eine körperliche Erinnerung bewahrt geblieben, zusammengefaltet in der knöchernen Nussschale des Schädels. Fast alle embryonalen Organe verwandeln sich während der menschlichen Entwicklung – nur das Gehirn bleibt. Es faltet sich nur zusammen und wächst.

Verbinden und Loslassen

Immer, wenn wir wach und konzentriert wahrnehmen und denken, sind wir „ganz dabei“ – wir durchschauen, rationalisieren und planen zielbewusst. Dabei ist die Hirnrinde aktiv, die letzte, eigentlich menschliche Evolutionsebene des Gehirns. Im Fühlen spüren wir unser Herz, unsere Mitte, und sind auf dieser Ebene dem Dasein der Säugetiere verwandt. Wenn wir bewusst im Fühlen sind, herrscht ein Zusammenspiel von Herein- und Herausbewegen. Dabei sind das Mittelhirn und das lymbische System beteiligt. Da, wo wir ganz unserem Trieb und Instinkt folgen, herrscht die tiefste und älteste Gehirnebene, das Stammhirn. Hier wird das Überleben verwaltet.

Im Alltag, zum Beispiel bei den Mahlzeiten, kann man bei sich und anderen die Beteiligung der drei Funktionsebenen betrachten: Wo wirklicher Hunger oder Durst auftritt (nach schwerer Arbeit beispielsweise) gibt es die Reptilien-Ebene der bloßen Gier: man spürt kaum, was man isst oder trinkt und will sich nur möglichst schnell voll stopfen. Die zweite Ebene ist die der „Feinschmecker". Man genießt die Geschmackskomposition, die Ausgewogenheit, die Ästhetik und das sich einstellende Wohlgefühl. Die Ebene der Gehirnrinde ist beteiligt, wenn wir verantwortungsvoll gewählt haben, etwa in Bezug auf die Herkunft (z. B. biologischer Anbau), die Zusammensetzung (z. B. viel Gemüse, kein Fleisch) oder Kalorienanteile. Hier gibt es nun Menschen, die sich gern der Gier hingeben und andere, die endlos genießen können und wieder andere, die kaum spüren, dass sie essen. Normalerweise halten sich die drei Bereiche bei der Ernährung in etwa im Gleichgewicht, andernfalls gibt es Essstörungen.

Was passiert aber nun bei einem Trauma? Jedes Mal, wenn der Seele bei einem Schrecken der Atem stockt, geht sie mehr oder weniger aus dem Körper heraus (in der Fachliteratur ist von Dissoziation die Rede) und im Körper wird das Überleben in Gang gesetzt: es kommt zu einem F.F.F.-Reflex (Fright, Fight, Flight). Verbunden ist dies mit einem kräftigen Adrenalinausstoß im Körper, wodurch schlagartig viel Energie zum Wegrennen oder Losschlagen zur Verfügung steht. Nur muss dazu erst die Seele wieder ganz „da" sein und wieder richtig atmen können. So geschieht es nach dem ersten Schrecken auch oft, nicht jedoch, wenn die Bedrohung zu mächtig ist oder noch einmal zurückkehrt. Dann bleibt die Atmung oberflächlich, die Seele bleibt überwiegend „weg" und es entsteht ein Adrenalin-Überschuss: man ist dann wie gelähmt oder erstarrt. In solchen Situationen rettet uns dann unsere innere Reptilien-Ebene – sozusagen das Krokodil in uns.

Wann also ist wie tief gut? Ideal ist es, wenn wir uns frei und möglichst aus eigener Verantwortlichkeit heraus innerhalb unserer drei Erlebnisebenen bewegen können: tief drinnen und auch wieder draußen sein im Denken, träumerisch uns herein- und herausbewegen können im Fühlen und nicht überwältigt werden und nicht ertrinken in der ältesten Schicht der Instinkte.

Erdenreif werden

Zu den alten Initiationsriten gehörte meist auch die Einsamkeit. Alleine, konzentriert im Denken oder in der Meditation, ist man am meisten als Einzelner „anwesend". Gemeinsam mit einem oder wenigen anderen beginnt das Seelische des Gefühlslebens zu schwingen (ein Fest kann man kaum allein feiern!). In großen Massenansammlungen schließlich kommt oft die tiefer liegende Instinkt-Ebene ins Spiel. Beim Militärdienst, wo man speziell in den Berufsarmeen ein extrem strenges Regime aushalten muss, wird in der Ausbildung ganz bewusst mit Hilfe von Schreck und Strafen eine besondere Form der Überlebens-Haltung konditioniert. Schließlich kann eine Armee, die Gefühle zeigt, nicht töten. Vielmehr braucht man Kämpfer, die in ihrer Gefühllosigkeit am besten den Krokodilen gleichen. Tatsächlich ist es so, dass Patienten, die Kriegserlebnisse zu verarbeiten haben, oft von einem „Ungeheuer" sprechen. Sie sehen da tatsächlich drachen- oder krokodilartige Wesen, die die Soldaten umschweben. Aber nicht nur Soldaten, auch Journalisten oder Krankenhelfer kennen Situationen, wo sie ihre Arbeit nur tun können, wenn sie ihre Gefühle im Eisschrank lassen – wenn sie also auf ihre „Krokodilsebene" zurückgehen. Wenn aber auch die Seele nicht immer dabei ist, der Körper ist es. Und der vergisst nicht. Irgendwann kommt es zum Vorschein. Und meist ist es sogar der richtige Augenblick, ein Moment, wo es verarbeitet werden will, weil der Mensch wieder ganz sein möchte. In der Therapie wird geholfen, in einem guten, ruhigen Durch-Atmen durch die Schreckenserfahrungen hindurchgehen zu können.

Unser Körper ist Geist in dem runden, zum Himmel gewendeten Kopf, Seele in der atmenden Brust, und Leib in dem Materie vernichtenden und neu formenden Bauch und in den Gliedern. Im Mensch-Werden ist der Körper auch ein Lehrmeister: er lehrt uns das Freiwerden im immer wiederkehrenden Verbinden und Lösen: sich liebevoll verbinden können – und in Liebe auch wieder loslassen...

3. Reinkarnationstherapie und die Seele

Ohne Seele?

Wer im Bereich der Psychiatrie tätig ist, kennt es: die so genannte DSM-IV, das *Diagnostic and Statistical Manual of Mental Disorders* in der 4. Auflage. Interessanterweise fehlen in diesem psychiatrischen Handbuch die Begriffe „Seele“ und „Geist“ ganz selbstverständlich. Jede mögliche menschliche Problematik ist in der rund 500 Seiten umfassenden Kurzfassung klassifiziert als Störung oder Störungskombination, angefangen von psychischer Störung, Störung durch körperliche Erkrankungen über Ess-Störung, Schlafstörung, Stimmungsstörung bis hin zur Persönlichkeitsstörung und Anpassungsstörung. Der Mensch erscheint hier als Gerät, dessen Abläufe quantifizierbar in psychische, soziale und berufsmäßige Funktionen eingeteilt werden. Dieser Ansatz ist anglo-amerikanisch geprägt, sehr praktisch und dabei nicht einmal unsympathisch nach dem Motto: Wenn du nicht allzu oft depressiv bist, mehr als nur ein paar Freunde kennst und du dich seit wenigstens einigen Jahren im Beruf bewährt hast, dann ist alles o.k. mit dir – dafür brauchst du weder von Seele noch von Geist zu wissen.

Ein derart vereinfachtes Menschenbild wäre als Hintergrund der Reinkarnationstherapie nicht sinnvoll. Beim Blick in die entsprechende Fachliteratur zeigt sich, dass hier um diese in der Schulmedizin fehlenden Begriffe regelrecht gerungen wird: Der niederländische Reinkarnationstherapeut Henri de Vidal beispielsweise übernimmt den Begriff der Seele aus dem gnostischen Werk von Jacob Slavenburg, wo als Seele derjenige Teil des Menschen beschrieben wird, der für alles Erleben zuständig ist. Die Seele umfasst demnach das Begehren, die Wünsche und Hoffnungen des Menschen ebenso wie seine Emotionen, Wut oder Freude, Hass oder Dankbarkeit.

„Die Seele ist verankert im Körper. Das östliche Denken verwendet gern den Begriff des ‚Fahrzeugs‘, und so ist der Körper das Fahrzeug der Seele, so wie die Seele wiederum das Fahrzeug des Geistes darstellt. Ohne Körper kann die Seele nichts auf der Erde ausrichten. Die Emotionen und Empfindungen zeigen sich im Körper. Andererseits vermag auch der Körper nichts ohne die Seele. Wenn die Beseelung wegfällt, bleibt nur der Staub zurück. Gäbe es nichts weiter als Körper und Seele, dann würde der Mensch wie das Tier vernunftlos leben und von einer Emotion zur nächsten fortgerissen werden." Dies genügt nun offenbar dem Autor de Vidal, denn er verwendet in seinen Werken zwar den Begriff „Seele", nicht aber „Geist". Dennoch arbeitet er mit Menschen und Kindern, verkörperten und unverkörperten, in einer Weise, die nicht von Emotionen bestimmt, sondern sehr besonnen erscheint.

Neue Begriffe der Seele

Der Reinkarnationstherapeut Hans ten Dam formuliert in einem Glossar: „Seele ist die reinkarnierte Entität. Manche Seelen scheinen ihr individuelles Leben als Mensch begonnen zu haben und können als ‚Anfänger' angesehen werden. Andere Seelen scheinen von höheren Säugetieren gekommen zu sein. Andere waren reine Geister, bewusst, aber ohne Körper. Wieder andere scheinen von anderen Planeten gekommen zu sein. Außer-Irdische, die einmal eine nicht-menschliche Verkörperung hatten, sind selten. ‚Anfänger' und Seelen, die von höheren Säugetieren stammen, sind wahrscheinlich die häufigsten Seelen, suchen aber selten die Reinkarnationstherapie." *(Deep Healing).*

Der Therapeut und Autor R.J. Woolger (*Other Lives, Other Selves*) ringt regelrecht um die Begriffe, indem er sinngemäß fragt, ob eigentlich eine *individuelle* Seele als zusammengesetzte Persönlichkeit, wie es die populäre Metaphysik lehrt, überlebt, oder einfach als Seele im Sinne eines nicht individualisierten „Klumpens" psychischer Erfahrungen und Samskaras (karmische Muster, wobei nicht nur eine bestimmte Tat als Folge ein bestimmtes Schicksal oder eine neue Tat hervorruft, sondern sich ein ganzer Komplex, ein Muster entwickelt). Diese Seelenklumpen könnten einfach nach dem Sterben auseinander fallen und zu neuen Seelenanlagen verknüpft werden, um dann wieder zu einem gerade konzipierten Kind hingezogen zu werden. Auch bei dem niederländischen Fachkollegen Hisschemöller wird ein Suchen in den Formulierungen spürbar, wenn er sagt: „Ich kann über mich selbst nachdenken, meinen Körper wahrnehmen, mich selbst fühlen. Es ist als bestünde in mir etwas, das dies alles tut. Es ist deshalb fast unausweichlich, sich vor allem im Zusammenhang mit dem Nachdenken über Leben und Sterben den Menschen mit einem Geist oder einer Seele ausgerüstet vorzustellen." Wenige Seiten später bekennt er sich zu dem Modell des Amerikaners George Meek (1981), der das Axiom aufstellte, wonach alles „Energie" sei. Dies scheint für

Hisschemöller die beste Lösung: „Wir werden ab jetzt das inkarnierte Prinzip wie folgt definieren: das Energiemuster, das nach dem Sterben des Körpers und der Desintegration der übrigen personengebundenen Energien übrig bleibt und über alle Informationen dieses Energiemusters, also auch alle vorangegangenen Leben, verfügt.

In jedem Leben wird es verändert und angepasst, aber die Funktion ist vor allem das Bewusstwerden aller Energieformen, die einander beeinflussen und dadurch die Bewusstwerdung der Ganzheit, der Schöpfung, des Kosmos oder wie immer man es auch nennen mag."

In einem Handbuch zur Reinkarnationstherapie jüngeren Datums von Bontenbal und van der Maesen kämpft van der Maesen um die Anerkennung des Begriffs der Seele in der Medizin, wenn er beispielsweise sagt, eine Persönlichkeit sei eine Komposition erstens eines physisch-materiellen Teiles (des Körpers), zweitens eines über die Gene vermittelten Potenzials an Eigenschaften und Charakterzügen, (die während des Lebens durch Erziehung und Umwelt weitergebildet werden), und drittens eine als Seele zu bezeichnende Einheit mit einem Potenzial an schon realisierter Entwicklung und Erfahrung aus der prä-persönlichen Phase. Van der Maesen stellt fest, dass der Begriff „Seele" in den Wissenschaften weitgehend durch den der „Psyche" ersetzt worden sei, wobei man allgemein wenig darüber wisse, was das sei. Außerdem verweist er auf die große Kluft zwischen den Wissenschaften und der öffentlichen Meinung: schließlich glauben rund 45 Prozent der Bevölkerung in Westeuropa an eine Fortexistenz nach dem Sterben und etwa 20 Prozent glauben, dass man als Geist oder Seele weiterlebt.

Der Wissenschaftler und Psychologiedozent Dr. Ko Vos sieht den Begriff der Psyche als – eventuell reduziertes – natürliches Gegenstück zum physischen Leben und meint, demgegenüber würde man mit dem Begriff der Seele mehr metaphysische oder romantische Vorstellungen verbinden. Er sagt sogar ganz klar: „Das Wort *Seele* kann man nicht eindeutig definieren ... die Seele ist eine doppeldeutig wirksame Ganzheit, die jeder Definition widersteht, ähnlich den letztgültigen Symbolen, die die Wurzelmetaphern für die Systeme des menschlichen Denkens liefern."

Das niederländische Wörterbuch kennt noch in den 50er Jahren „Seele" erstens als den nicht-stofflichen Teil, aus dem der Mensch lebt, und bezeichnet sie als das Innere und Wesentliche im Menschen gegenüber dem Stofflichen und Zeitgebundenen; an zweiter Stelle nennt es den Begriff als Synonym für Person und Mensch; drittens als das Wichtigste und die treibende Kraft; viertens als das Innere von Gegenständen.

Zur Ergänzung noch ein Zitat aus esoterischer Sicht: „Die individuelle

Seele kann man mit einem silbernen Funken vergleichen, der aus der göttlichen Essenz stammt. Er ist auf einer Pilgerreise, auf der viele Arten von Existenz erfahren und viele Lektionen gelernt werden können. Stufenweise fortschreitend brauchen bestimmte Lektionen nicht mehr wiederholt zu werden und die Seele schreitet zu ihrer endgültigen Verfassung vor: der Vereinigung mit der Einheit selber." (Artikel im niederländischen *Bulletin N.V.R.T.*, Juni 2004) – Eindrucksvoll ist die Einfachheit der Einführung des Begriffes bei Rudolf Steiner in seinem Werk *Theosophie*: „Mit dem Wort Seele soll auf das gedeutet werden, wodurch er (der Mensch) die Dinge mit seinem eigenen Dasein verbindet, wodurch er Gefallen und Missfallen, Lust und Unlust, Freude und Schmerz an ihnen empfindet." Im Verlauf des ganzen Buches baut er dann diesen einfachen Begriff aus und vertieft ihn schrittweise.

Als mythologisches Bild und auch grammatisch – beispielsweise in der deutschen Sprache – ist die Seele weiblich. Man kann sie sich zum Beispiel vorstellen im Bild der ägyptischen Göttin Isis, der Gattin des Osiris und Mutter des Horus, oder auch als jungfräuliche Mutter, als Maria mit ihrem göttlichen Kind auf dem Arm. Aber auch die andere Maria, jene, die Christus die Füße salbt, kann man als Bild der Seele betrachten.

Zusammenfassend ist unter „Seele" ein umfassendes Wesen zu verstehen, das wachsen und seine „Gestalt" verändern kann, als etwas, das sowohl verkörpert als auch nicht-verkörpert leben und lernen kann, sich dabei in Tätigkeit und Austausch mit anderen Seelen und Stoffen befindet. Sie ist zugleich einzigartig und ganz eins mit anderen Seelen. Sie ist nicht aus der stofflichen Welt heraus zu verstehen.

Die Seele und ihre seelische Umwelt

In den mythologischen Überlieferungen früherer Zeiten begegnet man der Tatsache, dass man von der Existenz mehrerer „Welten" wusste. Die Bewohner der Nordischen Mythologie leben in Midgard, das in der Mitte der Welt liegt; auch im alten China sprach man vom „Reich der Mitte". Fast alle Mythologien beschreiben neben dieser mittleren Welt noch eine Unterwelt, bewohnt von Dämonen, dem Teufel und oft auch von Verstorbenen, sowie eine überirdische, höhere Welt (Himmel), wo höhere Wesen, Engel oder Götter und ebenfalls manche Verstorbene leben, die diesen höheren Wesen ebenbürtig geworden sind. Auch in der Gegenwart sprechen wir noch von diesen Welten, aber wir denken sie mit neuen Begriffen als verschiedene

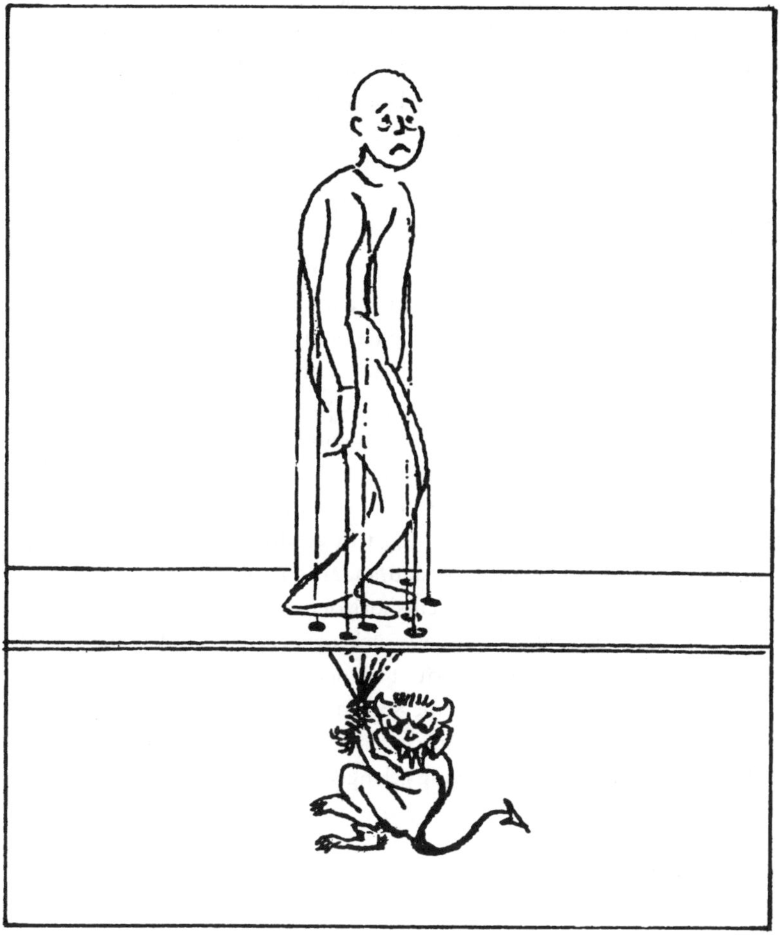

Bewusstseinslagen. Neben dem üblichen, wachen Tagesbewusstsein, das die Mitte darstellt, unterscheiden wir ein Unterbewusstsein und ein höheres Bewusstsein.

Sicher spricht man heute nur noch selten von Teufel oder Dämonen. **(Bild 3)** Aber jeder kennt es, wenn von unten (nicht immer berechtigte) Wut „hoch kommt“ oder wenn einen Depressionsgefühle oder Trauer „nach unten ziehen“. Ebenso vielfältig sind gerade in unserer Zeit Berichte einer

„himmlischen“ Welt, etwa in den Studien von Moody oder Ritchie über die so genannten Nah-Todeserfahrungen. Man denke auch an die Berichte von Paragnosten (Geistheilern) oder die verschiedensten Erfahrungsberichte über Wege zur Erleuchtung. Nach wie vor werden auch Drogen sowie bestimmte Formen von Musik und Tanz – wie zu allen Zeiten schon – gesucht, um andere Bewusstseinsformen zu erlangen, wobei man, insbesondere durch Drogen, dabei sehr wohl auch Abstürze in die Unterwelt erfahren kann.

Obere Welt

Die himmlischen Bereiche werden immer auch „paradiesartig“ beschrieben. Grüne Wiesen, klare Gewässer, leuchtende Blumen werden wahrgenommen (sowohl die ägyptische wie die griechische Mythologie beschreiben solche Himmelswiesen). Oft werden Engel und Lichtwesen in diesen Bereichen beschrieben. De Vidal nennt diese Welt das „Sommerland“ und er beschreibt, was seine „Remigranten“ (wie wir hier auch statt Patienten oder Klienten sagen) erleben, wie folgt: „Der Reiz, den diese faszinierende Umgebung ausstrahlt, war klar erkennbar an ihrem Gesichtsausdruck, der sich vollständig änderte, als die Rückkehr zur Erde stattfand. Dann sah es aus, als würden sich dunkle Wolken an ihrem Gesichtshorizont zusammenballen... Es gibt also keinen Zwang, wieder zur Erde zurückzugehen, aber ein Verlangen nach fortgesetzter Läuterung, das nur erfüllt werden kann, wenn der Weg durch die Stoffeswelt gewählt wird, weil die Seele mittels einer neuen Persönlichkeit dort das Gelände erkundet und durch den Kampf, der dort geführt werden soll, zu Wachstum und Entwicklung gelangen kann.“

Untere Welt

Die Unterwelt, das *Kamaloka* der indischen Spiritualität (der Ort der Begierden), das Fegefeuer oder schließlich die *Hölle* der christlichen Geistwelt wurde im vorigen Jahrhundert „Unterbewusstsein“ genannt und beispielsweise von Sigmund Freud erkundet, der das „Es“ in diesem Reich verortete. Es ist die Welt, in die man tatsächlich gelangt, wenn man als Reinkarnationstherapeut mit dem Patienten (liebevoll) seine ihm selbst unverständlich bleibende Wut, Blockaden oder Trauer anschaut und zu ihrem Ursprung verfolgt. Hier finden wir dann heute nicht mehr als Ursache die Bilder der griechischen Erinnyen (Rachegöttinnen), sondern etwa die Gestalt einer völlig ausgemergelten Frau mit ihrem Kind. Es ergibt sich dann beispielsweise, dass der Patient in einem früheren Leben ein dickbauchiger Schmied war, der ehelos lebte, aber ein angesehener Dorfbewohner war, und dass diese hagere Frau in einer Hütte des Dorfes wohnte, nachdem sie aus ihren ursprünglichen Verhältnissen (einem Schloss) ausgestoßen wurde, weil sie unverheiratet schwanger geworden war. Die Dorfbewohner, darunter der Schmied, ignorierten die Frau, bis sie und ihr Kind vor Hunger und Kälte starben; auch nachdem die Mutter als erste gestorben war, hatte keiner das Kind annehmen wollen. Eines Tages lag es tot auf der Straße, der Schmied sah es von seiner Werkstatt aus. Er hatte noch gemeint, die Frau durch eine Heirat mit ihm retten zu können, aber sie hatte sich wegen des gewaltigen Standesunterschiedes geweigert, und er hatte nichts unternommen. Bis jetzt aber trägt er die Bilder ihres Leidensweges in der Seele, bis dahin, dass er sich mit ihr identifiziert. In der Therapie ist es dann möglich, dass diese Seelen, was im vorigen Erdenleben wegen der abgrundtiefen Standesunterschiede nicht möglich war, sich gegenseitig aussprechen. Die Ebene, wo dies geschieht, ist eine rein seelische, eine reine Bewusstseinsebene. Diese möchte ich im vorliegenden Zusammenhang, an den Wortgebrauch Rudolf Steiners in dem Werk *Theosophie* anschließend, die *Seelenwelt* nennen.

Diese *Seelenwelt* wird in der reinkarnationstherapeutischen Literatur meist nicht mit diesem Begriff bezeichnet; dort kennt man die irdische Welt und die Welt des Lichtes. Die Licht-Welt lässt sich gut identifizieren als „Paradies“ oder „Himmel“ der Mythologie oder der „Geistwelt“ in der Esoterik. Unsere Seele lebt während ihrer Verkörperung in der irdischen Welt und unverkörpert in geistigen Welten. Es macht aber Sinn, auch wieder die *Seelenwelt* (oder die Unterwelt) als eine eigene Ebene anzuerkennen und zu berücksichtigen, wie sich im Folgenden noch weiter zeigen soll.

Wie lebt und entwickelt sich die Seele?

Die Welten, die im gekennzeichneten Sinne (auch) Bewusstseinsebenen sind, sind immer anwesend. Während der Verkörperung richtet sich unsere Aufmerksamkeit im wachen Tagesleben aber fast ausschließlich auf unsere Erlebnisse und Tätigkeiten im konkreten Hier und Jetzt. Das ist auch nötig: beim Autofahren etwa oder wenn man vor dreißig Schulkindern steht, ist die ganze Anwesenheit erforderlich. Obwohl wir dann auch Stimmungen und Emotionen spüren können, bleiben diese doch meist „unbewusst“, sofern sie nicht sofort verstanden werden. Während des Schlafes wird dann manchmal etwas davon erlebbar. Und wenn wir gestorben sind – wie verhält es sich dann? In der Therapie stoßen wir verständlicherweise häufig gerade auf die nicht richtig „gelungenen" Sterbevorgänge, die sich dann aber, im Verlaufe der Therapie, in „gute" wandeln können. Wir begegnen natürlich auch schönen und positiven Sterbe-Erfahrungen. Ten Dam hat in seinem Werk *Exploring Reincarnation* eine Übersicht der Seelenerlebnisse nach dem Tode gegeben und unterscheidet folgende Stufenformen des Sterbens:

1. Sterben, bei dem man nicht bewusst war, „Einschlafen" (vegetative Existenz)
2. Bewusstes Sterben, bei dem man sich jedoch nicht aus der Umgebung lösen konnte (Hängenbleiben an der Stelle des Todes)
3. Unbewusstes Gestorbensein, Herumirren (Traum)
4. Wie zuvor, nur mit zum Albtraum gewordenen Herumirren
5. Bewusstsein über das Gestorbensein, aber weitere Gebundenheit an die Stoffeswelt (Herumspuken, Spuk)
6. Nach dem Sterben eine eigene (quasi-physische) Umwelt kreierend, wie in einem klaren Traum (Scheinwelt)
7. „Oben Angekommensein" (in der eigentlichen Geisteswelt)

Bei ten Dam heißt es: „Die Lagen t/m 6 befinden sich alle zwischen der Erde, wo man nur in einem Körper und im Hier und Jetzt bewusst sein kann, und der Geistwelt, wo man immer, ewig und überall ist." Diese Zwischenwelt möchte ich „Seelenwelt" nennen; das bedeutet, dass man hier Seelen, die sich in diesen unterschiedlichen Situationen befinden, immer in der Therapie begegnet. Wir helfen ihnen dann, ihre Lage zu verstehen und auch die Ursache nachzuvollziehen, die sie in diese Lage gebracht hat. Dann lässt sich auch sehen, wie es am besten weitergehen könnte.

Hans ten Dam ist nun der Auffassung, der Schlafzustand der gestorbenen Seelen habe damit zu tun, dass sich noch viel von der Ätherhülle um solche Seelen befindet. Diese Ätherhülle (bei Aristoteles die pflanzliche Seele, im Schamanismus die Vitalseele, in der Anthroposophie der Lebensleib) ist auch während des Schlafens im Körper, sie belebt und erfrischt ihn, ist aber nur mit wenig Bewusstsein verbunden. Beim Sterben bleibt diese Hülle bei der Seele und mit ihr das äußerst geringe Bewusstsein des Schlafes. Die Esoterikerin Dion Fortune (*Through the Gates of Death*) beschreibt etwas ähnliches, aber nur für einen zwei bis drei Tage dauernden Zustand. Während dieser Zeit hat die Seele tatsächlich noch die Gestalt wie im vergangenen physischen

Leben, denn der Ätherkörper bildet diese Gestalt, die der physischen ähnlich ist, nur durchsichtig und schattenhaft.

Tatsächlich zeigt die Erfahrung aber, dass diese Lage oft länger anhält: Fortune spricht hier von einer *Erkrankung* des Sterbens und nennt als Grund dafür, dass beispielsweise Angehörige durch übermäßige Emotionen die Seele so heftig „zurückziehen", dass sie vorzeitig aufwacht. Normalerweise löst sich die Ätherhülle nach etwa drei Tagen und es kommt zu einem Aufwachen der Seele; sie erlebt sich nun auf der anderen Seite des Flusses, im anderen Land. Wird sie aber vorzeitig „wach", das heißt in einem Zustand, wo sie die Ätherhülle noch umfasst, dann meint sie zu ertrinken, wenn sie nicht zu dem festen Ufer des irdischen Daseins zurückkehrt, das sie gerade verlassen hat: sie will gerettet werden, klammert sich an, will zurück in die einzige, ihr bekannte Welt, die physische. Der Ätherleib trägt die gesamte Erinnerung dieses gerade gelebten Lebens.

Kamaloka

In der Therapie finden wir vor allem heraus, dass es Seelen sind, die nachtodlich nicht weiterschreiten können, weil sie im Leben ganz materialistisch eingestellt waren und es für sie nun „nichts weiter gibt". Immer wieder zeigt sich bei meinen Klienten, dass das u.a. von Rudolf Steiner beschriebene nachtodliche Erlebnis des Lebenspanoramas während der ersten zwei, drei Tage nach dem Tode bei den meisten Menschen nur sehr bruchstückhaft oder auch gar nicht spontan auftritt. Trotzdem *existiert* dieses Panorama: immer wenn wir eine Seele in der Therapie begleiten und sie anregen, nun das zurückliegende Leben aus höherer Sicht noch einmal anzuschauen, zeigt es sich. Übrigens bleiben nicht nur „stramme" Materialisten nach dem Tod in den unteren Bewusstseinsebenen „hängen", sondern auch Seelen, die unerwartet oder auch unbemerkt (zu schnell, im Schlaf oder in der Narkose) gestorben sind.

In der Therapie begegnen uns die vielseitigen Erlebnisse der Seele in jener anderen Welt, die auch in der entsprechenden Literatur z.B. von Rudolf Steiner, Dion Fortune, Robert Monroe, Klaus Müller und anderen dargestellt wurden. Sehr hilfreich sind dabei Steiners Charakterisierungen der Eigenart des Seelischen:

„Wie die Stoffe und Kräfte, die unseren Magen, unser Herz, unsere Lunge, unser Gehirn und so weiter zusammensetzen und beherrschen, aus der physischen Welt stammen, so stammen unsere seelischen Eigenschaften, unsere Triebe, Begierden, Gefühle, Leidenschaften, Wünsche, Empfindungen und so weiter aus der seelischen Welt. Des Menschen Seele ist ein Glied in dieser seelischen Welt, wie sein Leib ein Teil der physischen Körperwelt ist ... Wie den körperlichen Gebilden die räumliche Ausdehnung und räumliche Bewegung eigentümlich sind, so den seelischen Dingen und Wesenheiten die Reizbarkeit, das triebhafte Begehren ... (Trieb, Wunsch, Verlangen sind Bezeichnungen für das Stoffliche der Seelenwelt. Dieses Stoffliche sei mit ‚astral' bezeichnet ... Ein Trieb kann ebenso gut ‚Kraft' wie ‚Stoff' genannt werden.) ... Im Seelenraume hängt die Wechselwirkung zweier Gebilde, die einander treffen, von ihren inneren Eigenschaften ab. Sie durchdringen sich gegenseitig, verwachsen gleichsam miteinander, wenn sie miteinander verwandt sind. Sie stoßen sich ab, wenn ihre Wesenheiten sich widerstreiten." (*Theosophie*) In den letzten beiden Sätzen kommt das wesentliche Gesetz der Seelenwelt zum Ausdruck: Sympathie und Antipathie, Anziehung (bis hin zur Verschmelzung) und Abstoßung. Ganz einfach, aber mit ungeheuren Konsequenzen: Beispielsweise ist an einem Satz wie „Wenn du so oft böse bist, wirst du in die Hölle kommen", insofern etwas Wahres, als sich die Bosheit in einer Seele nach dem Sterben mit ähnlichen anderen bösen Seelenanteilen von Mitmenschen zu einem großen Gebilde verbindet. Das Gleiche gilt mit anderen Vorzeichen für liebevolle Stimmungen, Kräfte und Energien.

Seelenreisen

Robert Monroe beschreibt seine außerkörperlichen Forschungen in drei Büchern (vgl. insbesondere: *Far Journeys*). Über Jahrzehnte hinweg und mit einer zunehmenden Zahl von Versuchspersonen hat er es unternommen, diese astrale Welt regelrecht zu kartographieren. Da die Seele zwischen dem Körper einerseits und dem Geist andererseits lebt, erstreckt sich ihre Substanz vom Fortpflanzungs- und Ernährungstrieb bis hin zu bedingungsloser Liebe. Monroe beschreibt u. a., dass sich um die Erde herum angeordnet „Ringe" (Kreise, Ebenen) befinden, wobei der erste Ring durch eine völlige Hinwendung zum Irdischen gekennzeichnet sei. Alle sich dort aufhaltenden Seelen seien sich völlig unbewusst darüber, dass es eine Realität jenseits der rein materiellen Tatsachen gibt. Diese Seelen seien auch unfähig gewesen, mit ihm zu kommunizieren: entweder spürten sie ihn gar nicht oder sie reagierten mit Angst, Feindseligkeit oder Entsetzen. Hier handelt es sich um die Seelen von schlafenden, bewusstlosen oder auch unbewusst gestorbenen Menschen. Monroe erlebte sie als „eingeschlossen", da sie oftmals – ohne Erfolg – immer wieder denWeg zurück in den physischen Körper suchten, sogar dann noch, wenn diese Körper längst im Grab lagen; sie zeigten sich dabei von großen Ängsten und Begierden getrieben. Monroe ist der Auffassung, dass diese (sich ständig vergrößernde) Gruppe das größte Hindernis für den menschlichen Lernprozess auf der Erde bildet. Dann gibt es eine weitere Gruppe, die den Verlust des eigenen physischen Leibes nicht spüren, und dennoch nur die physische Welt und die damit verbundenen Energien kennen – und in ihrer Unwissenheit versuchen, weiter daran teilzunehmen. Dabei entstehen dort, wo heftige Triebe und Süchte bestehen, leicht Anhaftungen – es ist das Bedürfnis nach Sex, Drogen oder Alkohol, das diese Körperlosen an die noch Verkörperten und auch an Körperlose mit ähnlichen Bedürfnissen bindet, so dass sich ganze „Seelenklumpen" in diesen unteren Bereichen der Seelenwelt bilden können.

Dieser erste Kreis ist nach Ansicht von Monroe durch eine extreme Verzerrung des Überlebensdranges gekennzeichnet. Dann existiert ein weiterer Kreis, der eher aus passiven, wartenden Seelen besteht. Sie befinden sich meist tatsächlich in einem Zustand des Wartens, und zwar so lange, bis ihnen aus höheren Kreisen heraus beim Weiterschreiten geholfen wird. Der folgende, dritte Ring ist sehr groß und umfasst viele Unterabteilungen. Außerdem hat er eine Mitte in Art eines Nullpunktes: wie lemniskatisch aufgebaut ist die Innenseite dieses Kreises noch mit der Dominanz von irdischen Zeit- und Raum-Illusionen erfüllt und die Außenseite mit der nicht-physischen Realität.

Dann entdeckt Monroe schließlich noch einen Außenring, wo die Seelen fast nur weißes Licht ausstrahlen –: sie kommunizieren nur untereinander, nicht mit Monroe. Manchmal verschwinden sie – ohne eine Spur zu hinterlassen. Die Beschreibungen Monroes werden von Therapieerfahrungen vielfach bestätigt.

Obwohl Monroe auf ganz eigene Weise ein System der seelischen Ebenen entwirft, stimmen seine Schilderungen doch genau mit den von Steiner beschriebenen Stufen der Seelenwelt überein, wobei man auch einen Einfluss bzw. die Dominanz eines bestimmten Elementes feststellen kann: die erste Ebene, wo alles abgestoßen wird, weil das eigensüchtige Element vorherrscht, die zweite Ebene einer fließenden Reizbarkeit (entspricht der passiven bei Monroe) und als dritte eine Ebene der Wunsch-Stofflichkeit. Was Monroe in der Mitte als „Nullpunkt" beschreibt, ist bei Steiner das „Weben des Seelischen in sich selbst", das Fühlen, das aus Lust und Unlust besteht. Dem Außenring bei Monroe entsprechen bei Steiner drei Ringe, die mit Licht, Kraft und Leben ganz auf die darüber liegende geistige Welt gerichtet sind.

Seelenreisen der Steinzeit

Den Wurzeln des Schamanismus in den Steinzeitkulturen und ihren Zeugnissen in Skulpturen, Wandzeichnungen und anderen Überresten ist Professor Klaus E. Müller nachgegangen. Die so genannten Steinzeitmenschen waren seiner Überzeugung nach auf die Kontaktnahme mit den Mächten der jenseitigen Welt angewiesen: „Das Schlüsselkonzept dazu lieferte der *Seelenglaube*, genauer: die Vorstellung von der Existenz einer *leibunabhängigen*, spirituellen Seele, die von der Art der Geistwesen selbst war und daher imstande, mit ihnen in Verbindung zu treten ... Traditioneller Anschauung nach setzte sich der Leib des Menschen aus der vergänglichen Physis, der weniger vergänglichen Vitalseele und der leibunabhängigen, unvergänglichen Freiseele zusammen. Die Vitalseele hielt seine organische Funktionsfähigkeit aufrecht; sie verlieh dem Körper die *Lebenskraft*.“ Der Zustand von Gesundheit lässt sich dann so charakterisieren, dass diese drei Konstitutionselemente harmonisch und geschlossen vereinigt sind. Krankheit dagegen lässt sich in diesem Konzept so betrachten: „Physische Leiden rührten von gewaltsamen Kontakten mit Fremdstofflichem her, die zu Verletzungen führten: man schnitt sich bei der Arbeit, stürzte vom Baum oder wurde von der Waffe eines Gegners getroffen. Beeinträchtigungen der Lebenskraft, die sich etwa in Mattigkeit, Antriebslosigkeit und nicht zuletzt dem Verlust der Fruchtbarkeit fühlbar machte, sah man durch feindselige Gefühle anderer gebündelt und direkt übertragen, z.B. durch den bösen Blick, verursacht durch ‚Verunreinigung‘, indem man in Kontakt mit Verrottendem oder Verwesendem, also der Ausstrahlung sich zersetzender fremder Vitalseelensubstanzen kam, vor allem aber durch Zauber Missgünstiger. Gefahr für die *Freiseele* schließlich bestand, wenn jemandem plötzlich ein ‚lähmender’ Schreck widerfuhr, so dass die Seele, verwirrt, entkam, wenn Menschen in einen heftigen Streit und dabei ‚außer sich‘ gerieten, wenn ein übelwollender Geist Besitz von der Seele ergriff, indem er sich zu ihr in den Leib drängte oder sie auf ihren Traumreisen abfing und quälte, vielleicht gar in die Irre schickte, so dass sie nicht mehr zurückfand ... Letztursächlich jedoch sah man alle Verletzungen, Unfälle und Erkrankungen in einem eigenen oder dem Verschulden naher Angehöriger begründet ... die in letzter Instanz wider die heilige Schöpfungsordnung verstoßen hatten.“ Man erkennt hier die Energien der ersten drei „Ringe“; dasjenige aber, was Monroe als einen „Nullpunkt“ beschreibt, das Umschlagen der Raum-Zeit-Illusion zur geistigen Realität (bei Steiner die vierte Ebene der Seelenwelt, wo die Seele sich in sich erlebt, wo das eigentliche Selbstbewusstsein, das Ich, und damit der Übergang von der Seelenwelt zur Geisteswelt aus dem Nullpunkt geboren wird, die „Sonnensphäre"), ist hier (noch) nicht einbezogen.

Die Seele nach dem Sterben

Die Ebenen oder „Ringe" der seelischen Welten sind aus der Reinkarnationstherapie gut bekannt. Auch Hans ten Dam (*Exploring Reincarnation*) hat versucht, sechs verschiedene Ebenen zu unterscheiden und zwar unter Rückgriff auf verschiedene Bewusstseinslagen. Die ersten fünf (Vitalseelen-) Ebenen kennen nur wenig Bewusstsein; Seelen von Verstorbenen wissen nicht, dass sie keinen bzw. keinen eigenen Körper mehr haben. Der sechste Kreis aber ist „psychoplastisch": hier herrscht die Phantasiewelt. Hier kann man alles realisieren, was man sich wünscht oder was man immer schon gerne wollte. Hier sind Kranke und Versehrte wieder gesund, hier steht man vor der Verwirklichung der eigenen Vorstellungen und Wünsche.

Noch einmal aus einer etwas anderen Sicht tauchen diese Kreise auch auf in dem *Diary after Death*, einem kleinen, sehr einfach gehaltenen Tagebuch von Pfarrer Franklin Loehr. Loehr kleidete in diesem Buch seine Forschungen in den Rahmen einer erfundenen Geschichte. Auch hier einige frei übersetzte Beispiele: „Ich wusste zuerst nicht, dass ich gestorben war. Ich spazierte gerade auf dem Gehweg nach dem Mittagessen, als auf einmal Menschen auf mich zukamen, erschreckt schauten und zu rennen begannen. Ich drehte mich um um zu sehen, was sie dort sahen, und da lag ein Mann, der gefallen war. Ich kehrte um und lief auf ihn zu, um möglicherweise zu helfen". Allmählich aber entdeckt er: „Ich spürte, dass etwas nicht stimmte. Und auf einmal traf es mich wie ein Schlag: dieser Mann war ich!" Er versucht dann, wieder in den Körper hineinzukommen, es geht aber nicht, und inzwischen geht alles andere weiter: „Kein Mensch kümmerte sich um mich, wie ich da stand; mein toter Körper wurde wunderbar betreut – ich aber nicht. Keiner wusste, dass ich dabei war." So bemerkt er schließlich, dass er gestorben ist. Allmählich begreift er dann auch, dass es sich ganz ähnlich mit seiner vor zwei Jahren bereits verstorbenen Frau verhält. Und nun, indem er intensiv an seine Frau denkt, ist sie da. Sie begleitet ihn weiter. Er sagt nur: „Das ist unser Haus". Es ist in einem Außenviertel des Himmels und es heißt: ‚Post-Mortemia', was etwa bedeutet: nach dem Sterben." Dieses Haus ist in der psycho-plastischen Welt ganz nach ihren Wünschen gebaut und mit einem Blumengarten ausgestattet. Allmählich gewöhnt er sich an diese Umgebung und seine Frau erzählt ihm, wie froh sie darüber ist, dass er nach seinem Sterben sie bemerkt hat – denn er hätte sich auch ganz abschließen können. Er entdeckt, dass es in dieser Umgebung auch schlechte Viertel gibt und dass der eigentliche Himmel hinter dem Berg liegt. So werden auch hier die verschiedenen Ebenen durchschritten, und sei es auf kindlich-sentimentale Art.

Elementarische Welt

Die Seelenwelt – die natürlich nicht (nur) im Jenseits, sondern auch hier und jetzt ist, wenn wir nur ein Bewusstsein davon haben und die Sinnesorgane dafür entwickeln, denn sie ist ein Bewusstseinsfeld! – kann unter anderem (nach einer Beschreibung von Heide Oetinger *Die Aura*) so erlebt werden: „Betrachtet man die Aura einer Autobahn, so lässt sich bereits sehr viel über die Vorgänge erkennen, die sich in der letzten Zeit dort abgespielt haben. Die Aura zeigt sich wie ein Energiegewölbe, welches sich über dem Straßenbelag erhebt. Die Farben, die Dichte und Höhe hängen individuell von den vergangenen Vorkommnissen auf der Strecke ab. Auch der energetische Standort der Straße, vor allem der Magnet- und Energiefelder in Verbindung mit der Erde, lässt sich sehr gut erkennen... In den Breitengraden, in denen das Auto und die Art des Fahrens mehr oder weniger als Ausdruck der Persönlichkeit betrachtet werden, ist es feinstofflichen Wesenheiten eine willkommene Stätte, um von den Emotionen der Fahrer energetisch aufgeladen und von diesen ernährt zu werden. Diese Wesenheiten und Energiefelder ziehen in Unmengen die Strecken entlang und warten auf eine Situation, die ihnen eine Möglichkeit der Einwirkung bietet. Da sich sehr viel Aktivität auf einer gut befahrenen Straße abspielt und sehr viele Menschen dort anzutreffen sind, ist dies ein geeigneter Ort für viele Einheiten, um auf Gelegenheiten zu warten, in denen Machtstrukturen, Besser-sein-wollen und Besitzgier der Menschen zur Auswirkung kommen." Es folgt ein konkretes Beispiel über einen Firmenfahrer: „Der Tag war für ihn sehr anstrengend und er hat sich über einen Kollegen geärgert ... Seine Aura ist aufgeladen mit Zornesenergie und hat sich im körpernahen Feld teilweise verdunkelt. Die Wesenheiten erkennen dies sofort und drängen sich zügig an seine Aura heran ... Langsam aber sicher beginnen sie einzufließen, da ihnen die Möglichkeit durch die Gleichheit der Schwingung, die des Zornes in ihren farblichen Auswirkungen, gegeben ist. Der Mann kommt immer mehr unter Druck."

Es gibt natürlich noch viel mehr Emotionen auf der Straße und Heide Oetinger beobachtet, wie diese „wie dunkle Waben die Straßennetze durchziehen, und manchmal bleiben sie dauerhaft an bestimmten Kreuzungen oder Wegstrecken haften, um ihre Ziele zu erreichen. Diese Wesen leiden an einem starken Mangel an Liebe und sie glauben, nur dadurch am Leben zu bleiben, indem sie ihrem Programm weiter dienen und dadurch artgleiche ‚Nahrung' bekommen ... Sie folgen ihrem Programm und beinhalten meist noch einen Seelenanteil der Person, die sie geschaffen hat. In vielen Fällen existieren sie nicht allein, sondern haben sich mit mehreren der gleichen Art zusammengeschlossen."

Rudolf Steiner unterscheidet die Erlebnisse in der Seelenwelt nach dem Tode von denjenigen während des Lebens und empfindet dabei sogar die Notwendigkeit, das Wort „Seelenwelt" ganz zu verwandeln in „Elementarwelt" (*Theosophie*). Es handelt sich tatsächlich um die Welt der Elementarwesen und Energien. Steiner bemerkt zu dem terminologischen Unterschied: „Nach dem Sterben geht der Ätherleib in seinen Teilen über in die Wesenheiten der elementarischen Welt. Die Seele erlebt das nach dem Tode als ihre Außenwelt." Diese elementarische Welt, die von der Seele aus gesehen eine Außenwelt ist, hat er „Seelenwelt" genannt. „Was man aber während des Erdenlebens bewusst von dieser Welt erlebt, hat er „elementarische Welt" genannt.

Ordnen der Kräfte

In der Reinkarnationstherapie geht es viel um schicksalsgebundene Energiearbeit. Elementarwesen, Seelenanteile und lebendige Energien sowohl mit Wurzel im vorigen Leben als auch solche, die im gegenwärtigen aufgenommen wurden (vor allem im Mutterleib während der Schwangerschaft, in Kindheit und Jugend), zeigen sich immer wieder als Ursache von Leiden. So wie Haare gekämmt und geordnet werden können und sich dabei manchmal Knoten als Aufgabe zeigen ist es auch in dieser Art von Energiearbeit wesentlich, die Verknotungen und das Chaos zu lösen und zu ordnen. Dazu muss gefragt werden: wohin gehört diese Energie? So kann es sein, dass man bei sich eine unverständliche Wut findet und in der Therapie entdeckt, dass es sich tatsächlich um „fremde" Wut handelt, nämlich die eines bösen Nachbarn, die in meinen Organismus mit „hineingeschlagen" wurde, als er sich einmal über mich als Kind wegen meines lauten Spielens geärgert und mich dafür geprügelt hatte. Es kann auch sein, dass eine solche Energie über Elementarwesen mit einem gewesenen Krieg verbunden ist. Außerdem gibt es eine Art von Wut, die z.B. in einer Familie immer wieder von den Eltern auf die Kinder übertragen wird und oft kann man dann einen weit zurückliegenden Ahnen finden, bei dem dieses Problem angefangen hat. Unverständlich auftretende Wut kann aber auch aus einem vorigen Leben stammen – sie wurde dann zwar in die Seelenwelt nach dem Tode mitgenommen und erreichte die entsprechende Ebene, fand dann aber wieder zu ihrem „Besitzer" zurück.

Die Ebenen der Seelenwelt, einer Bewusstseinswelt, die man immer betreten kann, wurden bereits im Totenbuch der Ägypter beschrieben: Die Seele muss alles abgeben, was das Herz schwerer macht als die Feder von *Maat* (Wahrhaftigkeit). *Ammit*, das Dreigetier aus Krokodil, Löwe und Nilpferd frisst alles andere, allen Seelenballast, um ihn zu verdauen. Auch das Tibetische Totenbuch will helfen, sich von seelischem Ballast zu befreien, um das *Bardo* (der Zwischenzustand, in dem die körperlose Wesenheit vom Augenblick des Todes bis zur Wiedergeburt bleibt) richtig passieren zu können. Seine Ratschläge sehen zum Beispiel so aus: „Begreife nunmehr: jedes deiner Bewusstseine, die gemeinsam und mit Hilfe deiner körperlichen Organe, deren Stoff sich nun auflösen wird, deine Persönlichkeit ausgemacht haben, wird seine eigene Tätigkeit fortsetzen, bis die aus früheren Handlungen entstandene Energie sich erschöpft hat, die es am Leben erhielt... Binde dich nicht an sie!"

Die Ordnung des Seelenlebens im Alltag ist erst möglich, wenn wir unsere Seelenregungen im Alltag zunächst überhaupt kennen lernen und anschauen. Hier, im Leben und im Körper, kann man die verschiedenen Ebenen in den *Chakren* finden: unten die ganz mit der Erde verbundene reine Überlebensenergie, instinktiv und sehr wenig bewusst, aber latent vorhanden und, wenn man danach sucht, auch spürbar. Dann folgt die Ebene der Fortpflanzung und die physisch-schöpferischen Fähigkeiten. Als dritte Ebene im Sonnengeflecht (Solarplexus) die Energie der Verdauung, des Aufbaus des eigenen Körpers, der Möglichkeit, Herr im eigenen Haus zu sein. Die vierte Ebene, im Herzen, (entspricht dem „Nullpunkt" im System der „Ringe") ist die des Fühlens, des Mitfühlens und der Liebe. Im Kehlkopf, in Stirn und Scheitel haben die mit dem Geiste verbundenen Seelenenergien ihren Sitz. Auf all diesen Ebenen können sich sowohl „Löcher" befinden wie auch Klumpen oder Wesen mit fremder Energie. In der „Energie-Arbeit" kann das therapeutische Wirken diese Probleme in der Seele heilen. Eine solche Arbeit kann dann zum Beispiel so aussehen, wie in dem folgenden Therapie-Ausschnitt von einer Patientin beschrieben, die in ihrer Kindheit schwer geschädigt wurde.

Beispiele von Energiearbeit

Sie spürt einen Kloß im Hals: gelb und weich – wie ein Tennisball fühlt es sich an. Er bleibt im Hals stecken: irgendwie kann sie sich nicht entscheiden, ihn richtig anzunehmen. Wie und wann kam dieser Energieball in ihren Hals? Ach ja, eigentlich war es doch schön gewesen auf der Hochzeit der Schwester, als diese sagte, was für eine großartige Schwester die Patientin doch immer war – da hatte sie einen Kloß im Hals gespürt, und der war wohl stecken geblieben.

Da entdeckt sie, dass sie diese Energie nicht annehmen kann, weil sie sich immer fragt: „Was hält die Mutter von mir? Bin ich eine gute Tochter?" Diese bange Frage lebt in ihr seit sie ein junges und einsames Mädchen von zwölf Jahren war (hier K. genannt) , die es so dringend brauchte, dass ihre Mutter sie umarmte und beschützte. Auf meinen Rat als Therapeutin hin redet nun die heute erwachsene Patientin zu diesem Seelenanteil etwa das Folgende: „Liebe K., weißt du, viele Mütter können nicht immer ihre Kinder umarmen. Auch deine Mutter kann das jetzt nicht. Darf ich dich statt ihrer jetzt umarmen?" (Die Patientin tut dies jetzt innerlich.) Das ist gut und tatsächlich kann sie den Ball jetzt ganz in sich hinein nehmen. Nur wird sie darauf sehr müde. Ich lasse sie spüren, wo diese Müdigkeit sitzt und wie es kam, dass es sie so viel Kraft kostete, eine „so großartige Schwester" sein zu können. Sie entdeckt, wo sie diese Kraft vor allem verloren hat: und zwar in der Schule auf Grund des übergroßen Leistungsdrucks, der von der Mutter ausging, die sie immer mit ihrer intelligenten Schwester verglichen hatte. Jetzt in der Therapie holt sie – in der Seelenwelt! – von ihrer alten Schulbank ihre dort einst verlorene Kraft zurück: diese geht in ihrem Erleben (spontan) durch den Mund in sie hinein. Jetzt strahlt sie und sagt: „Ich bin eine großartige Schwester!"

Soweit das Fragment. Ein weiteres Beispiel stammt von einer Frau, die seit ihrer Kindheit mit einem äußerlich ganz unbegründeten Gefühl: „keiner liebt mich" lebt. In der Therapie gehen wir zu dem Zeitpunkt zurück, an dem sie ein oder zwei Jahre alt ist.

Sie will so gerne spielen – „aber zum Spielen bin ich nicht da". Sie ist nur da, so scheint es, um ihren Eltern zu helfen. Weil dem Kind sein Spielen, so wie es spontan hervorkommt, immer verboten wird und es gleichzeitig in einer sehr religiösen Familie aufwächst, entsteht für es der Eindruck, dass „Gott" nicht will, dass sie spielt. „Wie sieht denn dieser Gott aus", frage ich als Therapeutin. Wie ein riesiger, blendender Lichtball, der alles überstrahlt, antwortet sie. Dieser Gott meint: spielen ist zu nichts gut; sie soll lernen und ein bewusster Mensch werden. Als ich sie anrege, mit Hilfe einer Sonnenbrille sich diesen blendenden „Gott“ doch noch etwas näher anzusehen, erscheint er als ein riesiger Felsen. Er gehört zu ihrer Mutter. Spielen ist nicht erlaubt, weil sie es nicht will. Dann finden wir die Verknüpfungen: Die Mutter hat selbst nicht viel spielen können, als sie ein Kind war. Denn als die Mutter selbst ein oder zwei Jahre alt war, war ihr Vater gestorben und ihre Mutter hatte das Geschäft allein weiterführen müssen. Dabei empfand das Kind nur den Wunsch, der Mutter helfen zu wollen, nicht mehr spielen zu dürfen, und zugleich war es ihr, als wäre es mit dem Vater mitgestorben: es wollte nicht mehr auf der Erde sein. Sowohl das Licht als auch der Felsen waren der eigene, tote Vater. Die Energiearbeit verbindet nun in der Therapie die Seele des Vaters wieder mit seiner Energie. Die Patientin darf nun spielen, ihre Mutter kann für sie da sein und sie lieben. Alles kommt an den richtigen Ort. Die Patientin bekommt, als die Seelen der Verwandten (also ihre Großeltern) ins Licht gehen, einen goldenen Ball, der in ihren Bauch gehört. Sie kann jetzt da sein, sie selbst sein; sie wird geliebt.

Die Seele vor der Geburt

Die Seelen, die sich verkörpern, treten gerade aus der Seelenwelt wieder heraus. Aber längst nicht alle von ihnen haben die ganze Reise durch alle Sphären und „Ringe“ hindurch bis in die rein geistige Welt hinter sich gebracht, nicht alle haben das bei Monroe geschilderte „Verschwinden“ und das „zweite Sterben“ bei Fortune oder die von Steiner beschriebene „Weltenmitternacht“ durchgemacht. Genauso, wie auf der Erde nicht alle Menschen ein Alter von 70 Jahren erreichen, manche sogar viel kürzer bis hin zu wenigen Tagen leben, verhält es sich auch in der unstofflichen Welt. Manche sind hier nur bis in die untersten Kreise vorgestoßen – ihre starke Sehnsucht nach dem Körperlichen trieb sie sofort zu einer neuen Verkörperung.

Nur ein richtiges „Zwischenleben“ aber kann das Verzehren oder Verarbeiten der Erlebnisse des vergangenen Lebens gewährleisten, damit diese Erlebnisse für ein folgendes Leben fruchtbar gemacht werden können. Dazu gehört auch alle „Wiedergutmachung“ und das weitere Arbeiten an den eigenen Idealen. Das jeweilige Schicksalsmuster zieht auf dem Weg zur neuen Verkörperung die noch unverarbeiteten Seelenanteile wieder an sich, so wie seelische Energie immer die Neigung hat an etwas zu haften, was ähnlich „schwingt“. Wir treffen allerdings in der Reinkarnationstherapie auch sehr junge Seelen mit relativ wenigen Erfahrungen oder sogar ganz „neue“ Seelen.

Wenn ten Dam berichtete, dass er im Rahmen seiner Arbeit einmal einem in einem Menschen verkörperten „Lastwagengeist“ (ein Elementarwesen, das eigentlich zu einem LKW gehörte) begegnete (dieses Wesen war so interessiert an einem Menschen geworden, dass es sich in ihm inkorporierte), dann kann ich aus meiner Erfahrung bestätigen, dass es Elementarwesen gibt, die sich in Menschen verfangen können, und zwar immer aus irgendeiner Art von Neugier heraus. Sie prägen mitunter recht stark die Erlebnisse der Menschen, denen sie anhaften. Ein Elementarwesen beispielsweise, das zu einer Pflanze gehört, fasziniert von menschlichen Emotionen im Zusammenhang mit Düften, kann sich über die Nase oder die Augen eines Menschen anhaften, seine Neugier mit der dieses Menschen verbinden – und dadurch bei diesem Menschen Heuschnupfen hervorrufen. Ein anderes Elementarwesen aus einem Autoscheinwerfer haftete sich bei einem kleinen Jungen an, der überaus begeistert von dem schnellen, prachtvoll geschwungenen großen Wagen seines Onkels war. Als er einmal mitfahren durfte, wurde das Elementarwesen fasziniert von der Stimm- und Klangerzeugung in dem Kinderkopf – die Energien konnten schön zusammenschwingen, beim Kind aber stellte sich in der Folge der zunächst unerklärliche Drang ein, „immer im Scheinwerferlicht zu stehen.“

Neben diesen lebendigen Energie- oder Elementarwesen, die von Mitmenschen, aus der Natur oder eben auch von Geräten stammen können, gibt es auch jene Elementarwesen, die zum eigenen Körper gehören und die ihn aufbauen und erfrischen. Es sind Elementarwesen, die den Leib aus der Seelen- und Geistwelt heraus auf Grund unseres Karmas mitgebildet haben. Im Gegensatz zu dem physischen Körper hat eine Seele zwar ihre Gestalt, aber keine undurchdringliche Grenzen. Die klarsten Gedanken zu diesem Bereich habe ich in Steiners Werk *Theosophie* gefunden. In den folgenden Ausführungen wird dabei deutlich, wie alle sinnlichen Gestalten verdichtete Gedankenformen sind, also aus der Geisteswelt heraus gebildet werden. Jene Gestalten, die die Mineralien bilden, stammen dabei aus dem ersten Elementarreich, ferner „sind die sinnlich sichtbaren Kraftwesenheiten, die als Werkmeister des Pflanzenwachstums wirken, Angehörige des zweiten Elementarreiches.“ Die Baumeister der tierischen Formen gehören dem dritten Elementarreich an. „An den drei unteren Gliedern des Menschen arbeiten also die Urbilder in Form von Wesenheiten mit, die ihm in gewisser Weise äußerlich gegenüber stehen; im Bereich des Verstandesbewusstseins wird er selbst zum (bewussten) Arbeiter an sich. Und jene Wesenheiten, die an seinem physischen Körper arbeiten, sind dieselben, welche die mineralische Natur bilden. An seinem Äther- (Lebens-)leib wirken Wesenheiten von der

Art, die im Pflanzenreich, an seinem empfindenden Seelenleib solche, die im Tierreich auf sinnlich-unwahrnehmbare Weise leben, die aber ihre Wirksamkeit in dieses Reich hinein erstrecken. So wirken die verschiedenen Welten zusammen. Die Welt, in welcher der Mensch lebt, ist der Ausdruck dieses Zusammenwirkens."

Soweit Rudolf Steiner. Das Phänomen, dem ich noch öfter in meiner Arbeit begegne, ist aber nun nicht das In-sich-hineingenommen-haben von Naturwesen (es gibt da weitaus mehr von dem, was von anderen Menschen in uns hineinkommt), sondern umgekehrt, das Abgeben von eigenen Kräften an die Umgebung (wie im obigen Beispiel, wo die Kraft quasi in die Schulbank geflossen ist). Sehr oft, wenn Menschen, auch Kinder, sich in einer schweren Lage erleben, klammern sie sich seelisch an etwas an, was sie gerade vorfinden. Oder aber es fließen, gelähmt vor Schrecken, die eigenen Kräfte geradewegs in den Boden. Dies spürt man nicht ganz bewusst. Meist bemerkt man erst viel später, dass etwas „fehlt", oder dass man sich ständig grundlos erschöpft oder blockiert erlebt. In solchen Fällen kann die jeweilig verloren gegangene Kraft in der Therapie von Seiten der Elementarwesen zurückgeholt werden. Fast immer sind die Naturwesen bei diesem Prozess behilflich. Nur die Erdwesen zeigen sich (bis jetzt) manchmal etwas unwillig dabei – sie geben nicht gern einfach etwas zurück. Es ist aber sehr schön, dass man sie in der Energiearbeit durchaus willig und zufrieden machen kann beispielsweise durch das Abgeben von „Härte", denn von diesen Kräften hat meist der Mensch (wie sich in der Therapie zeigt) zuviel. Hier kann es also zu einem „ehrlichen Handel" kommen – es bleibt jedoch Therapie und nicht etwa Magie, denn es geht immer darum, dass ein Mensch er selbst und vor allem *Mensch* sein oder werden kann und dass die in Unordnung geratenen Kräfte dorthin gelangen, wo sie hin gehören. Das ist dann Seelenarbeit oder Energiearbeit.

Schicksalsarbeit und Tierseelen

Zu dieser Arbeit im *Seelenland* gehört auch die Therapie von Fällen, wo ein bestimmtes Schicksal zwischen Mensch und Tierseelen besteht. Es ist die Astralwelt, Elementarwelt oder Seelenwelt nämlich das Bewusstseinsfeld, wo unsere Seele webt und wo sie herstammt, wo sich aber auch die „Iche" der Tiere befinden. Das menschliche Ich ist irdisch verkörpert. Daher hat ein menschlicher Körper ein ausgeprägtes Großhirn, einen sprachfähigen Kehlkopf und einen aufrechten Gang, der die vorderen Gliedmaßen zu Händen werden ließ, die nach eigenen Gedanken etwas schaffen können. Das Tier hat demgegenüber zwar eine verkörperte Seele, es erlebt Triebe, Emotionen und Gefühle, aber sein Handeln ist aus einer anderen Welt heraus geführt – aus der Seelenwelt heraus. Wir kennen dies in Form der Weisheit der Instinkte und des Gattungsverhaltens der Tiere. Nun gibt es aber bestimmte Begegnungen und Schicksale zwischen Mensch und Tier, die beide „Reiche“ betreffen und verbinden, manchmal mit bis ins Körperliche reichenden Folgen. Auch dazu einige Beispiele, die man besser versteht vor dem Hintergrund jenes „Seelengesetzes“, wonach sich verwandte Energien vereinigen:

Ein jahrelang bestehendes, merkwürdig juckendes „Ekzem“ mit feurig roten, teilweise verkrustenden, nur langsam wieder heilenden Stellen, die merkwürdigerweise nur an den Beinen auftraten, fand über Jahre weder durch Haus- noch durch Fachärzte ein Heilmittel. In der Therapiesitzung fand die Patientin heraus, wie sie in ihrer Jugend einmal im Sommer die Zimmerpflanzen gießen wollte, während die Bewohner in Ferien waren. An einem sehr heißen Tag kam sie in Bluse und kurzen Hosen in die Wohnung und wurde sofort von einem ganzen Schwarm hungriger Hundeflöhe angesprungen. Sie geriet in Panik, schlug die auf den nackten Beinen sitzenden Flöhe tot und trat mit den Füßen in den Eimer mit Wasser, das für die Pflanzen bestimmt war, um die restlichen Tierchen zu ertränken. Die Flöhe wurden also in einer für sie völlig unerwarteten und heftigen Weise angegriffen und ums Leben gebracht. Daher geriet auch der astralische Teil dieses Flohschwarms, seine „Seele“, in Panik und flüchtete sich – ja wohin? Die Seele, die zuvor in die Menschenbeine hineingestochen hatte und dabei erschlagen wurde, landete in den Beinen der Patientin! Jedesmal nun, wenn die Beine wieder warm wurden und etwas „Panikartiges“ in der Luft lag, schwang die ursprüngliche Panik wieder mit und die Flohseele „biss“zu: Was sich als „Ekzem“ zeigte, bestand dem Wesen nach aus Bissen einer in Panik versetzten Hundeflohschwarm-Seele. In der Therapie konnte es zu einer Situation kommen, in der die Seele des Menschen mit jener der Tiere redete und sie sich verstanden. Seitdem ist das Ekzem verschwunden.

Ein anderes Beispiel:

Bei einer Patientin mit einem Kopfleiden stellte sich in der Sitzung heraus, dass sich an der betreffenden Stelle in ihrem Kopf ein „fremdes Hirn“ befand; allmählich entdeckte sie, dass es sich um ein Vogelhirn handelte – und zwar gehörte es zu einer Schwalbe. Jetzt zeigt sich ihr, dass es genau in jenem Moment in sie hineingekommen war, als sie in ihrer Scheune ein Schwalbennest entdeckt und beschlossen hatte, es zu vernichten. Dies hatte sie dann schlussendlich aus Gewissensgründen doch nicht getan, das Schwalbenhirn jedoch war total dabei gewesen und war bei der Patientin geblieben, bis nun in der Sitzung die Seelen von Mensch und Tier miteinander „ins Gespräch“ gekommen sind.

Aufgrund äußerer Umstände konnte ich leider nur ein Mal mit dieser Patientin arbeiten und habe nicht erfahren, wie der Prozess weitergegangen ist.

Die Folgen solcher Begegnungen, die im Seelischen verbleiben, sind wohl am meisten verbreitet: dann finden wir Ängste oder Aggressionen, die „fremd“ sind, wie etwa im Fall eines Kindes das immer vor dem Schlafen große Ängste hatte. Wir fanden dann unter anderem, dass sich die Seele der Patientin als alleingelassene alte Frau in einem Wald zeigte. In einem früheren Leben war sie während des Schlafs gestorben, ohne es zu bemerken (weshalb die Seele bei dem Körper geblieben war und ihn immer noch als eigene Behausung erlebt hatte). Da sie allein lebte, war der Körper nicht von Menschen bestattet, sondern von Tieren gefunden worden, die ihn als Aas betrachtet hatten. Die Seele erlebte das damals als einen Akt der Verstümmelung, gegen den sie sich nicht wehren konnte. Nun in der Therapie hilft ihr vor allem das Verständnis, dass es sich ja damals um einen natürlichen Akt handelte, dass der Körper bereits gestorben war und auf diese Weise wieder in die Natur überging.

Karmische Zusammenhänge zwischen Mensch und Tier können auch so aussehen, dass ein Mensch, der in urgeschichtlichen Zeiten miterlebt hatte, wie ein Mensch von den Stoßzähnen eines riesigen Tieres aufgespießt worden war, in einem späteren Leben selbst z.B. als Kind kleine Tiere, Insekten usw. aufspießen wollte (der Umkehrschluss gilt nicht unbedingt!). Dabei sind in der Therapie wieder die Auseinandersetzungen zwischen der jetzigen, gereiften Menschenseele und den einbezogenen Tierseelen wichtig; es wird gemeinsam nach einem harmonischen Ausgleich gesucht, wobei alle auf Erden lebenden Seelen ihren Anteil daran haben können.

Schließlich begegnen mir in der Therapie auch Folgen von Mensch-Tier-Schicksalen, die mehr auf der geistigen Ebene liegen, also im engeren Sinne mit Gedanken oder auch religiösen Vorstellungen zu tun haben, wie etwa folgendes Fragment einer Sitzung zeigt:

Eine Seele entdeckt, dass sie nach dem Sterben in einem früheren Leben noch tätig blieb, und zwar als Diener der Anubis-Gottheit im alten Ägypten. Diese Seele war Anubis-Priester gewesen, hatte aber vor seinem damaligen Tod das heilige Anubis-Zeichen entweder einem würdigen Nachfolger überreichen oder aber es vernichten sollen. Der Priester hatte aber keinen Nachfolger gefunden und schaffte es auch nicht, das Zeichen zu vernichten. Die Folge war, dass er nach seinem Tod weiter dem Anubis dienen musste.

Sein Vater war ein ägyptischer Herrscher gewesen, die Mutter Anubis-Priesterin, ganz ihrem Gott und Tempel geweiht. Der Herrscher aber, der im Grunde diese Frau nicht berühren, ja nicht einmal anschauen durfte, hatte sich in sie verliebt und nach ihr verlangt und sie heimlich besessen, wobei die Worte fielen: „du gehörst mir, ich brauche dich so ..." Es war genau diese Energie, die die Seele des Ungeborenen damals anzog und zu einer Verkörperung in der sich bildenden Frucht bei jener Frau führte. Als dann das Kind geboren wurde, hatte der Herrscher das Erlebnis, dass Anubis machtvoll zu ihm sprach, wobei er große Angst empfand. Anubis Botschaft lautete in etwa, dass nun, da er ihm seine Priesterin genommen hatte, das Kind von Geburt an ihm, dem Gott, gehören sollte. Es wurde dann tatsächlich sofort nach der Geburt von den Eltern entfernt, von einer „reinen" Frau versorgt und für den Tempeldienst vorbereitet. Dieses Schicksal, ganz dem Schakalgott Anubis zu dienen, wie war es entstanden? Gehen wir noch weiter zurück.

Ein afrikanischer Häuptling, sehr hoch geschätzt von seinem Stamm, hatte einen Sohn, der ganz in dieser Atmosphäre von Hochachtung aufgewachsen war. Nicht nur die eigenen Untertanen begegneten ihm mit Angst und Ehrfurcht, sondern auch andere Häuptlinge, und das war gut so, war Absicht. Man wurde umso mehr bewundert und geachtet, je mehr Macht man zeigen konnte. Und wie war das zu tun? Um den Thron des Häuptlings herum lagen viele Felle mächtiger getöteter Raubtiere. Noch eindrucksvoller aber war es, Leoparden lebend einfangen und zähmen zu können, so dass man „mit dem Leoparden" am Halsband laufen konnte. Der Sohn hatte zusammen mit dem Vater bereits eine Reihe solcher Räuber getötet, konnte auch schon „mit den Leoparden laufen", jetzt musste er noch allein eine Raubkatze erlegen. Das gejagte Tier aber biss ihn in den Hals – und der Sohn starb – zu schnell, um das alles zu verstehen, fühlte nur den Schmerz im Hals und dachte „Du gehörst mir ... ich brauche dich so ...". Er brauchte ihn tatsächlich, für seinen Stolz, wie die Schlinge um den Leoparden, der ihm folgen und dienen sollte, um mächtig sein zu können. Er wird nun wieder geboren und sofort gefangen von dem Tiergott Anubis, damit er am eigenen Leibe die Macht der Tiergottheit erfahren kann und auch erleben lernt,was es heißt zu dienen. Nach seinem Tode hat er das Anubis-Zeichen unvernichtet zurück gelassen und muss deshalb als schwarzer Geist dem Anubis dienen und den Unwürdigen vernichten.Auch in diesem Fall kann die Seele jetzt ihre Verantwortung annehmen und – auf seelischer Ebene – das Zeichen opfern, was sie damals nicht konnte, weil es sie Herzblut gekostet hätte. Dazu muss man noch wissen, dass er damals während der Zeremonie, als er das Zeichen empor hielt, von der Lebenskraft des Anubis ganz durchströmt wurde.

Soweit der Bericht. Abschließend sei noch hinzugefügt, dass weitaus die meisten Verbindungen zwischen Menschen und Tierseelen so aussehen, dass die Tierseelen Helfer der Menschen sind (wie es beispielsweise auch in der „Tiermedizin“ indigener Völker zum Ausdruck kommt). Dafür können wir den Tieren nur dankbar sein. Sorgenvoll stimmt dagegen auch in diesem Zusammenhang, wie die Tiere in der industriellen Massenhaltung rücksichtslos geknechtet und ausgebeutet werden. Die Tatsache, dass in letzter Zeit lebensbedrohliche Viruskrankheiten von Tieren auf Menschen übertragen wurden, ist von menschlicher Seite bisher ausschließlich durch das grausame Abschlachten von Hunderttausenden von Rindern, Schweinen und Hühnern beantwortet worden. Dass wir dadurch unser Schicksal nur noch tiefer mit ihnen verknüpfen, dürfte klar sein; dass es ohne wirkliche Begriffe von Seele und seelischen Begegnungen keine Lösungen dieser Probleme geben kann, auch.

4. Reinkarnationstherapie und der Geist

Der Geist des Menschen

Der Begriff „Geist" als ein wesenhafter Teil des Menschen verstanden scheint in unserer Gesellschaft kaum bekannt oder zumindest in Worten kaum fassbar zu sein. In der Reinkarnationstherapie spielt er indessen eine wichtige Rolle. Der deutsche Reinkarnationstherapeut Thorwald Dethlefsen vertritt in seinem Buch *Das Erlebnis der Wiedergeburt* noch eine ziemlich unklare Position, wenn er sagt, „der Körper (wäre) nichts anderes als die Materie, die, wenn der Mensch gestorben ist, immer noch da ist. Der Geist wäre das Lebensprinzip, wäre also einfach ‚das Leben', ohne individuellen oder persönlichen Charakter, er ist universell und unvergänglich. In der Seele finden wir den Teil des Menschen, den wir ‚Selbstbewusstsein' nennen, das Agens, das die Individualität bestimmt." – Andererseits taucht diese Unklarheit nicht umsonst auf! Man denke nur an das bekannte Tischgebet, bei dem wir für das Brot danken und dabei bestätigen, dass es „Leben und Geist" sind, die uns „im Brote speisen".

Man versteht diese Tatsachen besser, sobald man den göttlichen Funken des eigenen Ich in sich wahrnehmen und sich mit diesem Ich-Wesenskern ganz verbunden fühlen kann. Die Erfahrung des All-Seins gibt mir das Erlebnis, dass der einheitliche Daseinsgrund aus lauter Licht und Liebe jede Differenz in sich tragen und annehmen kann und doch ewig Eins bleibt. Man kann dieses Erleben auch das Christus-Bewusstsein nennen. Im rein geistigen Daseins sind wir alle Eins.

Im Körper ist man jedoch personifiziert, getrennt von anderen Körpern. In Zeit und Raum gebunden verrichtet jeder Mensch seine ganz eigenen, unverwechselbaren Taten.

Die Seele, die nun den einheitlichen Geist mit dem Körper verbindet, trägt auch die Folgen und das Schicksal durch die Seelenwelt von der einen Verkörperung zur nächsten, und damit individualisiert sich der Geist durch Seelen- und Körpererfahrungen. Der ewige und all-einige Geist individualisiert sich durch Karma (in der Seele) und Wiedergeburt (in den Körpern der aufeinander folgenden Erdenleben). Der göttliche Funke steigt herunter, sammelt Erfahrungen und bereichert mit diesen individuellen Erfahrungen den großen Geist, indem er sich bewusst mit seinem Ursprung wiederverbindet. Diesen Wegen vom Geist über Seele und Körper wieder zurück zum Geist – der eigentlichen Heimat – begegnen wir im Menschen.

Sehr interessant ist die Entwicklung, die die Begriffe innerhalb der Reinkarnationstherapie durchgemacht haben, wobei die erste geistige Ebene, die der Gedanken (die man mit den Worten „mental“ oder „verbal“ andeutete) dann später die Stelle bekommen hat, die zum Leben (zum Lebensleib) gehört, und eine neue geistige Ebene dazu entdeckt wurde, die man als „spirituelle“ bezeichnete, die Ebene der Sinngebung. Insgesamt arbeiten wir jetzt also mit der physischen, der mentalen, der emotionalen und der spirituellen Ebene.

Gliederung des Geistes

Um den *Geist* geht es auch in Rudolf Steiners spirituellem Grundlagenwerk *Theosophie.* Hier beschreibt er, wie der Mensch mit seinen leiblichen Sinnen zunächst eine Blumenwiese *wahrnimmt,* dann mit der Seele Freude, Lust und Unlust am Wahrgenommenen entwickelt, um dann auf die geistige Dimension zu kommen: „Das, was ich im vorigen Jahre an den Blumen erkannt habe und dieses Jahr wieder erkenne, das wird bleiben, solange solche Blumen wachsen. Das ist etwas, was sich mir offenbart hat, was aber von meinem Dasein nicht in der gleichen Art abhängig ist wie meine Freude … Das Seelische ist ein Gebiet, das der leiblichen Anschauung unzugänglich ist. Das leibliche Dasein des Menschen ist vor allen Augen offenbar; das seelische trägt er als *seine* Welt in sich. Durch den *Geist* aber wird ihm die Außenwelt in einer höheren Art offenbar. In seinem Innern enthüllen sich zwar die Geheimnisse der Außenwelt; aber er tritt im Geiste aus sich heraus und lässt die Dinge über sich selbst sprechen, über dasjenige, was nicht für ihn, sondern für *sie* Bedeutung hat. Der Mensch blickt zum gestirnten Himmel auf: das Entzücken, das seine Seele erlebt, gehört ihm an; die ewigen Gesetze der Sterne, die er im Gedanken, im Geiste, erfasst, gehören nicht ihm, sondern den Sternen selbst an.“

Hier spricht Steiner von Leib, Seele und Geist. Die Seele verbindet Körper und Geist. Den unmittelbar mit dem Körper verbundenen Seelenteil nennt er „Empfindungsseele“, den mit dem Geist die Verbindung schaffenden „Bewusstseinsseele“. Die Mitte der Seele benennt er als „Verstandes- oder

Gemütsseele". Bewusstsein ist der ganzen Seele und dem Denken, einer an sich geistigen Tätigkeit, eigen. Das Denken, das sich in der körpergebundenen Empfindungsseele abspielt, nennen wir die mentale Ebene; das Denken in der geistverbundenen Bewusstseinsseele (Sinngebung) nennen wir die spirituelle Ebene. Die Gedanken: „Ich sehe die Blumenwiese; ich mag sie", sind mentaler Natur. Die Gedanken, mit denen man die ewigen Gesetze in den Sternen und ihre Spiegelung in den Erscheinungen der Blumen erkennt, sind spirituell.

Die moderne Wissenschaft konnte sich in ihrem Drang nach Objektivität lange auf die Sinnenwelt allein beschränken. Spätestens mit Anbruch des so genannten *New Age* hat sie, wie zuvor schon im Werk Steiners, ihren Blick erweitert: Forscher wie Fridjof Capra und Rupert Sheldrake fanden „Geist" in der Außenwelt („morphische Felder") und die Psychologen entdecken langsam auch den Geist in der menschlichen Psyche (Sinngebung).

Erfahrungen des Geistes

Noch die griechische Antike war vertraut mit der Welt der Götter, man ließ sich durch seinen *Dämon* oder durch die *Musen* inspirieren. Auch eine „jungfräuliche Geburt" ist ein Hinweis darauf, dass der Geist eine inspirierende und befruchtende Beziehung zur menschlichen Seele haben kann. Untereinander erleben Menschen etwas Ähnliches manchmal auch im Gespräch: dass zwei zusammen mehr sind als jeder für sich.

Der Mensch als jüngstes Ergebnis der Evolution, noch unfertig, unterscheidet sich von allen Geschöpfen durch den aufrechten Gang mit den frei gewordenen Werkzeugen, den Händen, durch seine Sprache und sein eigenwilliges Denken, das ihn Fehler begehen lässt und es ihm ebenso möglich macht, vollkommen neue Dinge hervorzubringen – von erstaunlichen Gebäuden zu feinstem Gebäck, von Raumfahrzeugen bis zu wunderbarer Klaviermusik. Alle seine Werke zeigen die drei Stufen oder Welten: erst das äußere Wahrnehmliche des Materials, dann das innere Bewegen der Wahrnehmungen, Vorstellungen und Empfindungen, und schließlich das Ringen um Erkenntnis der inneren Gesetzmäßigkeit der Dinge, durch die man dann auch Neues gestalten kann. In der Entwicklung der Kinder sieht man, wie sich zuerst das Wollen zeigt (im eifrigen Tun und Entdecken, aber auch im trotzigen Neinsagen des Kleinkindes), dann das Fühlen (in starken Sympathien oder Antipathien gegenüber bestimmten Kleinen, Menschen oder auch Gerichten), und schließlich das eigentliche Denken (denn in gewisser Weise hat natürlich auch das Kind bereits gedacht – so viele Fragen!) das sich erst in der Pubertät, in der Lust zu endlosen Diskussionen und kritischen Einwänden gegenüber anderen zeigt. Dieses Denken hat tatsächlich in sich das Junge eines Neugeborenen, das Flüchtige, das sich mit einem Flügelschlag überall hin bewegen kann, das sprießen und wachsen kann wie das Leben selbst – es ist der Geist, und wie ein Sinnesorgan findet dieser Geist um sich herum Geistiges, Gesetzmäßiges und Weisheitsvolles.

Geist im Körper und in der Seele

In seinem Körper *ist* der Mensch Natur – Natur jedoch, in der der Geist schafft. Er wächst, ist verletzlich, er kann ermüden und alt werden, er braucht Wärme, Nahrung und Schlaf. Er kann Hunger leiden und Schmerz empfinden (Seele). In seinen Idealen aber ist er (persönlich verkörperter) Geist. Für Freiheit und Demokratie kann er tagelang beispielsweise ein Parlamentsgebäude besetzen, ohne ein warmes Essen oder ein Bett zu sehen. Der Körper ist Teil des großen Naturreiches mit den Steinen, Pflanzen und Tieren. Aber der Menschengeist, zu welchen Reichen gehört er? Zwei Menschen, die in der gleichen Schulklasse den gleichen Idealen begegnen – was gibt ihnen ihre total verschiedene Antworten darauf und was ihre somit völlig verschiedene Biographie?

Der Geist wird als etwas Hohes und Erstrebenswertes empfunden, und es ist, als wenn das „Geisteskind", sobald es zu diesen Fragen erwacht, sich nach einer Zukunft als ein „Bräutigam" dieser Seele sehnt, die ihn geboren hat. Wir kennen wunderschöne Märchen von dieser Hochzeit wie etwa das Goethe'sche von der grünen Schlange und der schönen Lilie (auch E.T.A. Hoffmann hat übrigens zum gleichen Thema ein Märchen geschrieben). Hier bildet die grüne Schlange die Brücke zwischen Natur- und Geisteswelt. In Märchen dieser Art, auch bei Novalis und den Brüdern Grimm, wird immer gezeigt, dass zuerst eine gewisse Vorbereitung erfolgen muss, bis es „an der Zeit" ist und sich die Seele ganz mit ihrem Geist-Bräutigam vermählen kann. In der *Chymischen Hochzeit des Christian Rosenkreutz* wird beschrieben, wie die gesamte Natur und der Körper verwandelt werden: der Geist-Bräutigam *ist* letzten Endes die total umgeschmolzene Natur.

Als ein mythologisches Bild für den Geist können wir die Madonna mit dem Kind ansehen, die reine, jungfräuliche Seele mit dem aus ihr geborenen, göttlichen Geistes-Kind im Arm. In Ägypten wurde sie als Isis mit dem Horus-Knaben verehrt. Wir begegnen dem Geist aber auch im Bild der weißen

Taube etwa bei der Jordan-Taufe, wo Jesus im Fluss steht und vom Himmel herab die Taube zu ihm kommt. Auch im Bild von sich öffnenden Blumen-, Rosen- oder auch Lotosknospen begegnen wir bestimmten Geist-Organen, die bei Menschen hervortreten, die eine spirituelle Entwicklung durchmachen. Den Geist finden wir aber tatsächlich erst dann, wenn wir ganz in der *Mitte* der Seele sind. Nur in den Momenten, wo wir uns richtig in unserer Mitte fühlen und erleben können, spüren wir, dass wir ganz „Ich" sein können – eine Erlebnisform, die wirklich passt zu dem Bild des „Geisteskindes im Seelenschoß".

Gut und Böse

Gerade deshalb, weil wir nur in unserer seelischen Mitte ganz „ich" – also ganz im Geistigen, im Wahren und Guten – leben können, liegt hier auch der Ansatzpunkt für das Böse. Immer dann, wenn ich nicht in meiner eigenen Mitte sein kann, passiert mir leicht etwas, was ich eigentlich gar nicht will. Es gibt zahllose Beispiele allein nur von Unfällen, die geschehen sind, weil Menschen unkonzentriert waren. Unfälle im Straßenverkehr, in Krankenhäusern, aber auch am Arbeitsplatz und im Haushalt.

Aber auch die Angehörigkeit zu größeren Gruppen und Verbänden kann ein Nicht-in-der-Mitte-sein bedeuten, mit dem unter Umständen eine Verwandlung des Guten zum Bösen verbunden ist. Als beispielsweise das Christentum noch sehr jung war, sich selbst noch nicht richtig verstanden hatte und noch nicht in seiner Mitte „angekommen" war, war manche heidnische Tradition bereits „alt" geworden und hatte ihrerseits die Mitte verloren. Man brachte z. B. immer noch Menschenopfer, ohne dabei zu verstehen, was man eigentlich tat. Andere heidnische Formen, die weniger alt waren, befanden sich vielleicht gerade in ihrer „Mitte". Christen als die Verfolger solchen Heidentums wurden dann, trotz ihrer eigentlichen Ideale, in der Realität oft zu Vertretern des Bösen.

Geist als Zusammenhang

Als Menschen tragen wir in unserem Körper die Reiche der Mineralien, Pflanzen und Tiere in uns, sind aber selbst wiederum Teil umfassenderer Einheiten wie etwa der Familie. Und in einem solchen Familiensystem kann etwas krank oder in Unordnung sein. In der Therapie begegnen wir oft bestimmten Leiden, die nicht erst bei diesem bestimmten Patienten begonnen haben, sondern schon bei der Mutter genauso anwesend waren, sogar wieder bei deren Mutter und so weiter bis weit in die Ahnenreihe zurück. Es gelingt dann in der Therapie, diesen Beschwerden bis zu den Wurzeln zu folgen, wobei sich beispielsweise zeigen kann, dass es für die Seele des betreffenden Ahnen nötig war, bei den Nachfahren zu bleiben, immer wieder nach Anerkennung zu suchen und dass sie erst dann, wenn sie gesehen, gehört und gewürdigt wurde, ihr eigenes Schicksal ganz annehmen kann und nicht mehr weitere Familienglieder damit belasten muss.

Weiterhin sind wir auch Teile von Arbeitszusammenhängen, sportlichen Teams, politischen Gruppen und noch anderer Systeme: Auch für solche „Systeme" entwickelten sich Therapien wie etwa das Familienstellen nach Hellinger.

Die Familie ist den einzelnen Mitgliedern übergeordnet. Es handelt sich hier zwar um eine „natürliche" Ordnung, aber für die meisten Menschen, sofern es ihnen um mehr geht als nur um Sex und die spontane Anziehung, bildet sie den Übergang zu einer geistig begründeten Ordnung. Werte wie Treue, Ehrlichkeit, Wahrheit, Gerechtigkeit, Mut, Freiheit und schließlich Liebe sind Ideale, zu denen sich die Seelen hinentwickeln, oft verbunden mit anderen Gleichgesinnten. Aus diesen Idealen entstehen dann übergeordnete Verbände, die sogar innerhalb der natürlichen Ordnungen für Brüche bis hin zu Krieg und Bürgerkrieg führen können. Beispiele dafür sind die Religionskriege, die Revolutionen und Befreiungskriege: man kämpft, opfert sein Leben (und das seiner Angehörigen) für ein Ideal – für etwas Geistiges.

Geistige Ebenen in der Therapie

Freud entdeckte, wie die Triebe des Unterbewussten, des natürlichen Bereichs des Menschen zu Krankheiten werden können, wenn sie verdrängt werden; Adler fand heraus, wie das Streben innerhalb sozialer Verbände wesentlich für die individuelle Gesundheit ist. C.G. Jung betonte das Freiwerden durch die Auseinandersetzung mit den dunklen Gebieten der eigenen Seele: das Anschauen des eigenen Schattens. Roberto Assaglioli geht noch einen Schritt weiter und spricht nicht mehr nur von Psychoanalyse, sondern von „Psychosynthese" und von transpersonaler Entwicklung. Ganz ausdrücklich will er spirituelle Elemente wie Meditation, Schönheit, Liebe, Freude, Moralität und Entwicklungsbedürfnis fördern. Ob *Humanistische Psychologie* mit Vertretern wie Perls, Rogers, Maslow und anderen, bewusstseinsvertiefende

Methoden wie sie Stanislav Grow entwickelte, Erickson und das *NLP* (Neurolinguistische Programmieren) von Bandler und Grinder – ihnen allen ist gemeinsam, dass sie die Einflüsse des Geistes auf die menschliche Seele erforscht haben. Sie schaffen Licht im Dunkel des Unbewussten und *interpretieren* nicht nur wie in der klassischen Psychoanalyse. Die Konzentration und das Wiederfinden der eigenen Mitte wurde als Methode des Heilens entdeckt.

Geistiges Heilen

Noch ganz andere geistige Ebenen finden wir natürlich bei Menschen, die sich als spirituelle Heiler verstehen. Viele Menschen entdecken heute Anlagen zu solchen Heilfähigkeiten bei sich selbst, sei es, indem sie den Schmerz von Mitmenschen spüren oder diesen etwa durch Handauflegen wegnehmen oder mildern können.

Vor allem nehmen solche Heiler die Auren und Chakren wahr und können sie heilen: entweder indem sie offen sind für heilende Kräfte und diese bewusst verwenden, indem sie sich von geistigen Entitäten auf anderen Ebenen führen lassen im Arbeiten mit höherer Heilkraft, oder indem diese Entitäten durch das Energiesystem des Heilers selbst arbeiten. Diese helfenden Entitäten nennt man auch „geistige Führer". Sie können sehr gute Arbeit verrichten, vor allem, wenn sie auch Verständnis haben.

Das Thema geistiges Heilen ist insgesamt zu umfassend und differenziert, um es innerhalb dieses Rahmens angemessen zu bearbeiten. Patienten jedoch, die mündig sind, sich aber nicht selbst mit der Aufgabe ihrer Krankheit auseinandersetzen, sondern passiv bleiben und sich von anderen heilen lassen möchten – ganz gleich ob von Schulmedizinern oder Geistheilern – verpassen eine Chance: in ihre Mitte zu kommen…

Zwischen der schulmedizinischen Entwicklung einerseits und den spirituellen Heilern andererseits stehen Methoden wie die von Marcia Moore (*Inner Dimensions*) und der sehr ähnlich wirkende Ansatz von Heide Oehms (*Karma Erkenntnis – warum?*). Beide legen Wert darauf, dass sich die Patienten zu Beginn der Therapie zuerst mit dem „Licht" und nach Möglichkeit auch mit dem eigenen führenden Lichtwesen („Engel") verbinden. Daneben gibt es viele Ansätze des *New Age* ebenso wie *alte* Heilungswege (wie z.B. die *Kahuna*, siehe dazu das Buch von Max Freedom Long) und der Schamanismus, die *Touch for Health-Methode, Focusing, Rolfing* und zahllose andere – alle mit dem Ziel, die Seele schöpferisch an sich selbst tätig werden zu lassen – das heißt: spirituell tätig zu werden!

Der Geist verbindet Leben und Welten

Wesentlich für die Reinkarnationstherapie ist die Tatsache, dass wir mit und in der Seele arbeiten, sowohl innerhalb des gegenwärtigen Lebens (in der seelischen Welt) wie auch in früheren Leben und auch in der Welt des Lichtes, der eigentlich geistigen Welt.

Einen wichtigen Forschungsansatz vertritt hier Joel Whitton (*Life between life*), der über das Prinzip des Karma sagt: „Es ist, als wäre die ganze Menschheit tätig in einer Art Schulklasse, wobei wir uns selbst im Laufe vieler Leben eine Lektion nach der anderen aufgeben. Jeder ist sowohl Schüler als auch Lehrer, und wir alle haben die Macht, durch unsere Taten die eigene Lernrichtung zu bestimmen."

Möglicherweise kann Whitton auch den Grund dafür nennen, dass wir den Begriff des Geistes so wenig kennen: Im „Zwischenland" zwischen den einzelnen Erdenleben, also im Seelen- und im eigentlichen Geister-Land (Steiner), haben wir das, was er ein „Meta-Bewusstsein" nennt: einen äußerst paradoxen Zustand von Erinnerungsbewusstsein, wobei der Betroffene jedes Bewusstsein der eigenen Identität verliert und sich gleichzeitig intensiver wahrnimmt denn je. Das Erleben dieses Meta-Bewusstseins – eine direkte Erinnerung an das „Zwischen-Sein" – ist eine Erweiterung der gewohnten, dreidimensionalen Wirklichkeit, um den eigenen Existenzgrund und die Art der persönlichen karmischen Beziehungen zu entdecken. Diese andere Welt ist so grundverschieden von der gewohnten, dass unsere Sprache zu ihrer Beschreibung nicht mehr ausreicht und selbst Symbolik oft nicht das Wesentliche treffen kann. Der Hypnose-Therapeut Michael Newton (*Reisen der Seele*) erforscht insbesondere diese Zwischenwelt.

Literaturbeispiele

Im Rahmen der Arbeiten von Winafred Lucas (*Regression Therapy*) ist die von ihr beschriebene Arbeit mit einer Seele besonders beeindruckend, die sich bald nach einem grausamen und frühen Tod während des 2. Weltkrieges wieder verkörperte. Die betreffende Seele hatte sich lange im Kamaloka vor dem „Gericht" zusammen mit den von ihr einst aus Angst verratenen und verhafteten Juden gefühlt und kam nicht vorbei an den Schuld- und Hassgefühlen. Sie erlebte nur Rache, Wut und Schuld. Dennoch führt Lucas sie immer wieder in diese „Zwischenwelt" – bis sie endlich weiter kommt: „In einem purpurnen Tal … wo nur Liebe ist … und Spiritualität … hier sind viele Seelen und Geister … es gibt keine Zeit hier … kein Altern … es gibt schöne Gärten … Musik und Vogelgesang". Es kommt sogar so weit, dass Seelen und Geister sie umarmen. Dies ist der Punkt, wo sie sich schließlich *umdrehen* kann. Und tatsächlich wendet sich kurze Zeit später auch das ganze äußere Schicksal dieser Seele…

Im selben Band beschreibt Hazel Denning eine Patientin, die unter Schuldgefühlen litt. In einer Therapiesitzung stellte sich heraus, dass sie in der Zeit der Inquisition in Spanien ein Kardinal der katholischen Kirche und damals für die Anordnung vieler Folterungen verantwortlich war. Sie war damals bei den Folterungen selbst nicht zugegen. Sicher fühlte sie sich damals oft nicht wohl bei dem Ganzen, aber schließlich hatte sie nur der Stimme ihrer Kirche gehorcht, die solche Strafen für diejenigen vorsah, die ihre heiligen Vorschriften missachtete. Außerdem hätte sie im Falle einer Weigerung selbst ihr Leben oder zumindest die Exkommunizierung riskiert. Die Patientin ist nun, durch Einblicke in der Sitzung, entsetzt über ihr damaliges Tun. Sie meint, jetzt vollkommen den Grund ihrer Schuldgefühle zu verstehen und steht auch dazu: „Ich verdiene es, so zu leiden." Der Therapeut dagegen war der Ansicht, dass kein Mensch über andere so viel Macht hat, ohne dass es einen höheren Grund dafür gibt. Er wies die Patientin an, ihren Geist nach dem Ziel der Inquisition zu befragen. Nun beschreibt die Patientin, dass sie sich als Geistwesen während des „Zwischenlebens" findet, wo sie zusammen mit anderen Seelen über die Lage der Kirche berät. Alle sind der Auffassung, dass einer von ihnen zurück auf die Erde und eine Aufgabe übernehmen solle: weil die Kirche so korrupt geworden sei, sei eine Inquisition nötig, um die Kirche von Grund auf zu ändern. Die Wahl fällt gerade auf die betreffende Seele, weil sie hoch genug entwickelt erscheint, so eine Aufgabe zu übernehmen. Ihr Problem bestand dann aber darin, dass sie dieses eigentlich spirituelle Ziel aus dem Auge verlor. Dadurch lud sie in dem Leben als Kardinal so große Schuld auf sich, dass sie diese nie mehr loswerden konnte. Auch in ihrem Fall wurde die Sitzung zu einem Wendepunkt.

Wie Seele zu Geist wird

Auch Hans ten Dam (*Exploring Reincarnation*) hat versucht, zu einer Übersicht über die Bedeutung der Seelen- und Geist-Erlebnisse *zwischen* den Leben zu gelangen. Helen Wambach (*Life before Life*) führte in ihrer Arbeit viele Seelen gezielt ins Vor-Geburtliche und befragte sie nach der Wahl und Planung des jetzigen Lebens. Alle Autoren bestätigen, dass die Bewusstseinslage, in der man diese geistige Welt erlebt, schwieriger *bewusst* zu erreichen ist als etwa die Bewusstseinsebenen eines früheren Lebens, der Seelenwelt, der pränatalen Existenz oder des Lebens als Kleinkind. Genau wie Robert Monroe (*Far Journeys*) davon spricht, dass die hell werdenden Seelen in dem Seelen-Außenring auf einmal verschwinden (siehe auch meinen Artikel in der *Zeitschrift info3* April/2004) und genau wie Rudolf Steiner und Dion Fortune von einem „zweiten Sterben" in der nachtodlichen Welt reden, nach dem nur noch der geistige Wesenskern weiter existiert, findet man hier viele Patienten, die entweder „einschlafen" oder ein „Nur-noch-eins-sein" erleben und dann zu einem neuen Leben (mit neuen Eltern) kommen.

Eine wichtige Technik innerhalb der Reinkarnationstherapie ist das so genannte „homing" (Heimkommen). Dabei wird die Seele in Verbindung mit ihrer geistigen Heimat gebracht. Es hat sich bestätigt, dass gerade Menschen, die auf der Erde nicht richtig ankommen, die an einer unerklärlichen Sehnsucht und Ziellosigkeit leiden, sich erst richtig „erden" können, nachdem sie eine feste Verbindung mit ihrer geistigen Heimat, ihren eigentlichen Wurzeln, gefunden haben.

Ten Dam entdeckte große Unterschiede die *Entwicklungsreife der Seelen* betreffend: je reifer eine Seele ist, umso stärker ist offenbar der Grad ihrer Mitwirkung an der „Planung" des kommenden Lebens. Er unterscheidet dabei drei Stufen: erstens eine ursächliche, (Geistes-) gesetzliche zwischen den Leben (Kausalzusammenhang); zweitens eine psychologische (Erziehungszusammenhang); drittens eine Ebene der freien Wahl (Selbsterziehung). Im ersten Fall wird der Weg der Seele rein durch die seelischen (Anziehung des Gleichen) und geistigen (karmischen) Gesetze gelenkt und sie erlebt die Zeit zwischen den Leben nur wie im Schlaf. Auf der höchsten Stufe gestaltet man den künftigen Lebensplan selbst, wobei man *Dharma* (das indische Wort für Talente und Fähigkeiten) sowie *Karma* (Verschuldungen) verarbeitet und selektiert, außer jenen karmischen Folgen, die man noch nicht überschaut hat. Auf dieser Ebene trifft man auch die Entscheidungen während des Erdenlebens bewusst, wobei es nicht nur wichtig ist, ob und wie man etwas tut, sondern auch, worauf und *wie* wir innerlich auf etwas reagieren. Schließlich ist es entscheidend, wie wir das Leben am Ende verarbeiten: es macht beispielsweise einen großen Unterschied, ob wir ein schwieriges Leben in Gleichgültigkeit oder voller Hass oder mit Verständnis abschließen.

Christopher Bache (*Lifecycles*) schreibt, dass er im Zusammenhang mit Reinkarnationserfahrungen dem Begriff bzw. Wort „Oversoul" begegnete: „Wo man ‚Seele' verwenden kann für das Bewusstsein, dass Erfahrungen während einer Verkörperung gesammelt und integriert werden, kann man das größere Bewusstsein, das die Erfahrungen nicht nur sammelt und integriert, sondern auch in den Zusammenhang der vorangehenden und nachfolgenden Erdenleben einordnet, ‚Oversoul' nennen." Er vergleicht jedes einzelne Leben mit der Kammer einer Nautilus-Muschel, spiralartig sich vergrößernd angeordnet, und alle zusammen eine einheitliche Muschelgestalt bildend. Er meint, dass der Wert des einen Erdenlebens dadurch nicht weniger und auch die Bedeutung des momentanen Selbst dadurch nicht vermindert wird. Wir werden nicht weniger wertvoll – gerade weil Vergangenheit und Zukunft jetzt für uns weiter reichen als wir zuvor dachten. Diese Erfahrung stellt uns paradoxerweise tiefer und fester ins Jetzt hinein. Alles Frühere führt hin zu uns – und wir selbst bilden die Zukunft.

Dieses „Oversoul" ist also die Seele, insoweit der Geist in ihr ist. Alle Entwicklung im Menschen führt hier hin, und ein wesentlicher Schritt dazu wird natürlich in der Reinkarnationstherapie getan, wo man entdeckt und erlebt, dass man dieses geistige Wesen, diese umfassende Seele selbst ist, die sich schon so oft verkörperte und die selbst verantwortlich für die Begabungen und Schwächen, für die Umgebung und ihr Schicksal im gegenwärtigen Leben ist.

Interessanterweise hatten die allerersten Erfahrungen mit dieser Therapie etwas Merkwürdiges: es schien, als wenn das bewusste Erleben einer bis dahin unerkannten und unverarbeiteten Vergangenheit *allein* schon heilend wirkte. Das ist es oft wohl auch, und man spürt dann buchstäblich den heilend-heiligen Geist.

Nur verhält sich dies keineswegs immer so und vor allem dann nicht, wenn die entsprechenden Erlebnisse spontan auftreten. Obwohl es an sich ziemlich einfach ist, einen anderen Menschen zu einem solchen (traumatischen) Erlebnis zurückzuführen, muss man wirklich erst eine Menge an therapeutischer Kenntnis und Erfahrung haben, um einen solchen Vorgang therapeutisch zu begleiten. Während eines traumatischen Erlebnisses entstehen nämlich gerade solche situationsgebundenen Gedanken wie „Ich werde im Stich gelassen" oder „Keiner hilft mir". Dabei fehlt dann gerade die ruhige Übersicht der Lage und eine richtige Interpretation ist nicht möglich. Man ist gar nicht bei sich selbst, nicht in seiner „Mitte", hat nur Kurzschluss-Gedanken.

Weil Geist Ursache ist

Die Veränderung der Wärmeverhältnisse entscheidet darüber, ob eine Substanz als feste, harte Materie, als Flüssigkeit oder gasförmig erscheint. Was zuerst flüchtig ist, kann abkühlen und so zur festen Form werden. Beim Menschen sehen wir in der Embryonalentwicklung, dass sich aus den Wellenformen der Blutströme allmählich die Konturen des Herzens bilden. Das *physische* „Einschleifen" von Bewegungsmustern oder Funktionen lässt sich gut bei Sportlern an ihren Muskelbildungen verfolgen. Auf *seelischer* Ebene gibt es das Phänomen der Angst vor dem Angst-Haben. Auch hier handelt es sich um ein Festwerden eines bestimmten Musters. Ten Dam verwendet den Ausdruck „Postulat" (im Sinne einer festen Überzeugung ohne eigentlichen Beweis) für Situationen, wo solche Verhärtungen bzw. feste Formen *im Geist* entstanden sind und so bestimmte Schicksalslagen hervorrufen, die sich stets wiederholen und so die Muster bestätigen. Ein „Postulat" verhärtet eine Erfahrung zu einem Muster; es wird Teil des Charakters eines Menschen, wie verewigt. „Alles Zeitliche und Lokale, das wir absolut machen, wird schlecht", so ten Dam. Diese „Postulate" sind die Ursache dafür, dass Menschen in mehreren Leben immer wieder bestimmte Schicksalsmuster wiederholen. Ein Beispiel dafür ist das Muster „Ich werde immer im Stich gelassen". Solche Situationen, wo die Ursache im Geist, also in einem einmal von einem denkenden Geist gefassten Entschluss liegt, müssen auch wiederum auf der Ebene des *Geistes* gelöst werden. Durch bloßes Wiedererleben würden sie sich nur bestätigen.

Ähnlich wie sich Kinder in der Regel erst nach der Pubertät und mit dem Vorliegen von Lebenserfahrungen ein reifes Urteil bilden und andernfalls über viele Dinge nur zu „Vor-Urteilen" gelangen, haben auch erwachsene menschliche Seelen vielfach Urteile in Form von Postulaten „verewigt". Sowohl bei Mehringer-Soll (*Mama, glaub mir, ich habe schon einmal gelebt*) als auch bei ten Dam (*Deep Healing*) gibt es Beispiele solcher Postulate und ihrer Wirkungen.

Wir begegnen ihnen aber auch im Alltag, wenn jemand beispielsweise immer wieder Sätze wiederholt wie „das Leben ist schwer" oder „ich komme einfach nicht 'raus." Diese Postulate, die jemand als Teil seines Karmas mit sich trägt, machen ihn unfrei und prägen seine Biographie. Es sind Gedanken – aber sie waren nicht leibfrei entstanden. Das Handeln aus *freien* Gedanken heraus ist ein Zustand, der sehr klar in Rudolf Steiners *Philosophie der Freiheit* beschrieben wird. Es braucht jedoch erst einmal das Erkennen und Erleben der eigenen Unfreiheit, der eigenen (verborgenen) Vor-Urteile, die

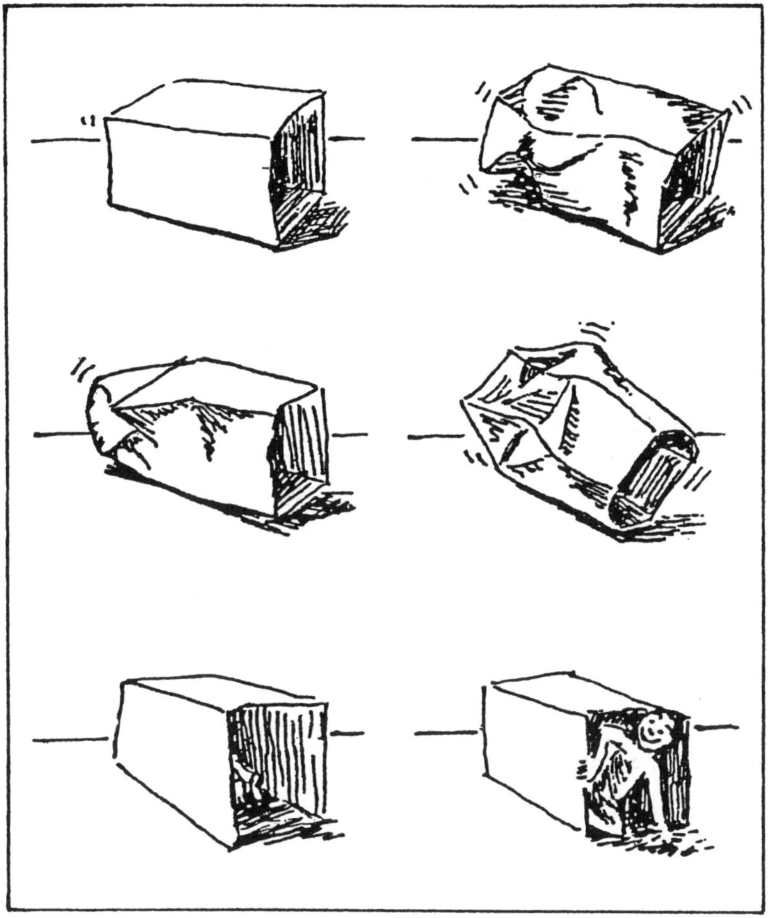

man gerade auch sich selbst gegenüber hat, wie etwa: „Ich bin dumm" oder „Ich bin wertlos".

Ein Vor-Urteil, ein „Postulat" mit sich selbst fortsetzenden Folgen und sich wiederholendem Schicksal („Ich werde im Stich gelassen") ist immer eine karmische Tatsache, der wir sehr oft in der Therapie begegnen. Hier erlebt man, wie der Mensch – als sich wieder verkörpernder Geist – das eigene Schicksal schafft. Während eines Traumas oder eines Schreckens urteilt man zwar situationsgebunden (unfrei), aber es handelt sich um einen *Gedanken*. **(Bild 4)** In nachfolgenden, ähnlichen Lebenslagen können wir uns dann entweder befreien („Aha – das sehe ich jetzt – ich finde da schon heraus“) oder, was überwiegend der Fall ist, durchlaufen wir das Thema nur in immer neuen Variationen. Dann ist es fast unvermeidlich, dass uns bei der nächsten Verkörperung eine „Bestätigung“ in den Schicksalsumständen entgegenkommt.

Dass Gedanken solche Folgen haben können – negative ebenso wie positive! – kann man verstehen, wenn man sich näher fragt, was Gedanken eigentlich sind. Sie sind nicht materieller Art, aber auch nicht subjektiv wie Gefühle, sondern eben geistiger Natur. In seinem Werk *Theosophie* beschreibt Rudolf Steiner das Gebiet des „Geisterlandes“ so: „Vor allen Dingen muss betont werden, dass diese Welt aus dem Stoff gewoben ist, aus dem der menschliche Gedanke besteht. Aber so wie der Gedanke im Menschen lebt ist er nur ein Schattenbild, ein Schemen seiner wirklichen Wesenheit. Wie der Schatten eines Gegenstandes an einer Wand sich zum wirklichen Gegenstand verhält, der diesen Schatten wirft, so verhält sich der Gedanke, der durch den menschlichen Kopf erscheint, zu der Wesenheit im Geisterland, die diesem Gedanken entspricht.“ (Diese Wesenheit nennt Steiner auch „Urbild“). Er fährt fort: „Urbilder sind schaffende Wesenheiten. Sie sind die Werkmeister all dessen, was in der physischen und seelischen Welt entsteht. Ihre Formen sind rasch wechselnd, und in jedem Urbild liegt die Möglichkeit, unzählige besondere Gestalten anzunehmen.“

Wenn wir nun beispielsweise im Sterben solch einen situationsbezogenen Gedanken, solch ein Urteil auf „mentaler Ebene“ (ten Dam spricht hier von „verbaler Ebene“) mitnehmen, dann wird dieser Gedanke für uns zu einem „Urbild“. Der eigentlich nur situationsbedingte Gedanke bekommt eine Macht, die ihm eigentlich nur auf spiritueller Ebene zusteht. Der Mensch als sich entwickelndes Wesen übt seinen Geist – und verfängt sich dann zunächst in seinen eigenen Postulaten. Wir sind Zauberlehrlinge und spüren dann in unserem Gefangensein durch Sätze wie „Ich bin wertlos“ eine Folge der Zaubermacht der Gedanken.

Führung nicht kritiklos nehmen

Viele Menschen suchen vielleicht deshalb lieber einen „geistigen Führer“ oder wagen es gar nicht erst, den eigenen Geist zu entwickeln. Aber auch dann gibt es Gefahren. Das Büchlein *Medialität, Besessenheit, Wahnsinn* von Carola Cutamo schildert, wie sich als (meist unerkannte) „Führer“ auch Verstorbene „melden“ können. Und nicht alle Gestorbenen kommen mit guten

Gefühlen; sie sind Menschen wie wir, nur ohne eigenen Körper. Natürlich gibt es Gestorbene, die durchaus hilfreiche „Führer" sein können, aber viele können es auch nicht und versuchen nur, den naiven Lebenden ihre eigenen Ziele aufzuzwingen.

In dem Buch *The Boy Who Saw True*, herausgegeben von Cyrill Scott, wird ein hellsichtiger Junge beschrieben, der auf einen spirituellen Lehrer trifft und dieser ihm sagt: „Glaube nicht, dass diejenigen, die ihren sterblichen Körper ablegen, alle Kenntnis erhalten. Wenn du in ein fremdes Land kommst und dort in einer Stadt lebst, hast du dann einfach deshalb schon Kenntnis des Glaubens, der Religionen und Philosophien dieses Landes? Nein, eher wirst du die eigenen Meinungen und Vorurteile mitnehmen und in deinem Geist heranziehen, als dass du diese aus dem neuen Land nimmst. So ergeht es auch denjenigen, die sich auf einer der niederen Ebenen im Feinstofflichen befinden… aber die Illusion ist dort kräftiger, weil alle Wunschgedanken sofort gegenständlich werden… Deshalb scheinen dort Meinungen Wahrheiten zu sein – auch wenn sie Irrtümer sind."

Einleuchtend und mit Humor zeigt Cyril Scott in *The Boy Who saw True* die Begegnung eines Verstorbenen mit einem Jugendfreund. Der Jugendfreund (P.) kann aber nur über seinen Schüler, den hellsichtigen Jungen, mit ihm kommunizieren. Der Verstorbene (C.) reagiert dann wie folgt:

P.: „Sag mal, wie geht es dir?"

C.: Noch nie in meinem Leben habe ich mich körperlich so wohl gefühlt, aber geistig – ich bin manchmal etwas verwirrt, scheint mir. Es ist verdammt merkwürdig alles."

P.: „Du warst immer ein Agnostiker. Ich nehme an, dass du inzwischen andere Gedanken hast?"

C.: „Natürlich nicht – wieso denn?"

P.: „Weil du jetzt wissen solltest, dass es ein ‚Jenseits' gibt."

C.: „Das weiß ich aber gar nicht – übrigens, wenn man mir damit kommt, glaube ich es nicht. – Wer ist übrigens dieser Junge und warum muss er alles, was ich sage, für dich wiederholen?"

P.: Weil er Dich sehen und hören kann, ich aber nicht."

C.: „Du bist doch aber nicht blind oder taub?"

P.: „Natürlich nicht, aber du bist jetzt eine Geist-Erscheinung und Geister kann ich nicht sehen."

C.: „Ich bin keine Geist-Erscheinung. Ich glaube nicht an Geister, habe das nie getan."

P.: „Aber du meinst doch nicht, dass du noch auf der Erde bist? Kannst du dich nicht mehr daran erinnern, was da passiert ist?"

C.: Ich erinnere mich, dass ich mich verdammt krank gefühlt habe. Dann habe ich das Bewusstsein verloren, und als ich wieder zu mir kam, ging es mir besser denn je."

P.: „Ja, und was passierte dann?"

C.: „Jetz hör mir mal zu, P., dieses Ausfragen von dir gefällt mir gar nicht, und auch nicht, dass du wie ein Polizist alles mitschreibst."

Das Gespräch setzt sich noch eine Weile fort, bis C. so verärgert ist, dass er sich verabschiedet.

Dass Gestorbene, also gerade „Geist" gewordene Menschen (in der Bedeutung unverkörperter Seelen) meistens von einem vor ihm verstorbenen Familienmitglied oder Angehörigen erwartet, liebevoll begrüßt und geführt werden, kann ich aus Beispielen meiner eigenen Praxis bestätigen und es wird auch von vielen anderen Therapeuten beschrieben, so etwa von Michael Newton in seinem Buch *Reisen der Seele.*

George Ritchie (*Return from Tomorrow*) beschreibt bei seinem weithin bekannt gewordenen Nah-Todeserlebnis die Erfahrung des Lichtes so: „Ich bin froh, dass ich jetzt keine physischen Augen habe, denn dieses Licht hätte die Netzhaut binnen eines Sekundenbruchteils vernichtet. Nein – nicht ‚dieses Licht!' ER. ER hätte ein zu blendendes Licht ausgestrahlt. Denn jetzt erst sah ich, dass es kein ‚Licht' war, sondern ein Mann, der ins Zimmer eingetreten war; oder besser gesagt, ein Mann, der ganz aus Licht bestand, obwohl mir das genauso unmöglich schien wie die unglaubliche Intensität der Strahlung, die seine Gestalt bildete." Auch dies ist charakteristisch.

In der Therapie entdeckte man, dass es diese Lichtwesen immer gibt, dass sich aber ein Mensch abschließen und sich völlig „zumachen" kann. Ten Dam erzählte einmal, dass er solch eine Seele in der Therapie gefragt habe, ob sie denn die Lichtwesen nicht gesehen hätte. „Ja, aber – das ist doch alles Unsinn, das gibt es doch gar nicht", war die Antwort. Wo ein Mensch die Überzeugung hat (ein Postulat?), dass es nach dem Sterben „nichts mehr gibt", weil nur die materielle Wirklichkeit existiert – dann *wird* diese Wirklichkeit zu seiner Umwelt. Er irrt dann zwischen den Lebenden umher und sucht irgendetwas „Festes". Dabei kann er zum größten „Hemmschuh" in der Entwicklung anderer Menschenseelen (Monroe) oder zu einem „Herd der Vernichtung" (Steiner) in der seelischen Welt werden. Aber es kann auch geholfen werden, und zwar beispielsweise dann, wenn sich die verstorbene Seele an einen Lebenden (mit entsprechenden „Ähnlichkeiten") angehaftet hat und wenn dies in der Therapie entdeckt und die betroffene Seele (verständnisvoll) damit konfrontiert wird.

Helfende Geister

Seit einiger Zeit gibt es eine regelrechte Welle an Engel-Literatur. Ein schönes und bescheidenes Buch stammt von Paola Giovetti und heißt in der deutschen Übersetzung *Engel. Die unsichtbaren Helfer der Menschen.* Die Autorin trägt darin die Erlebnisse der Findhorn-Gründer genauso zusammen wie die Engel-Erfahrungen der religiösen Traditionen. Unter der Überschrift *Der Engel in uns selbst* geht sie auch auf die Erlebnisse von C.G. Jung ein, die er mit seiner „Phantasiefigur" *Filemon* hatte, einem geflügelten Greis mit Stierhörnern und einem Schlüsselbund, über den Jung beispielsweise sagte: „Filemon stellte eine Kraft dar, die ich selbst nicht war… ich spürte deutlich, wann er etwas sagte und nicht ich. Er meinte, dass ich mit Gedanken so umging, als wenn ich selbst derjenige sei, der sie gemacht habe, während er der Ansicht war, dass Gedanken eigenes Leben hätten, genauso wie die Tiere im Wald, die Menschen im anderen Zimmer oder die Vögel am Himmel. ‚Wenn du Menschen in einem Raum siehst, sagst du doch auch nicht , dass du sie gemacht hast oder verantwortlich für sie bist.' So lehrte er mich immer wieder, etwas von der psychischen Objektivität und der Realität der Seele zu sehen". So fand Jung einen inneren Lehrer.

Unter den gegenwärtig verbreiteten Engel-Büchern sind solche, wo mit den Engeln bestimmte Tugenden verbunden sind (z.B. Anselm Grün, *Ein Engel für jeden Tag*) oder sie bestimmten Planeten zugeordnet werden. Insgesamt hat man den Eindruck, dass sich hier viel traditionelles Wissen mit noch zarten eigenen „Entdeckungen" verbindet. Gemeinsam ist den meisten Büchern dieser Art, dass die Engel eine Hilfe bei der Entwicklung hin zum Schönen, Wahren und Guten darstellen sollen. Man erfährt (etwa in F. Melvilles *Book of Angels*), durch welche Stimmungen, Rituale oder Gebete man sich mit diesen Engeln verbinden kann.

R. Monroe, der zahlreiche leibfreie Forschungsreisen unternommen hat, bezeichnet die unverkörperten Geister als „Inspects" (eine Abkürzung für Intelligent Species). Auch bei den Schamanen sind Engel bekannt.

Wie kann man nun das Wesen der Engel als helfender Geister verstehen? Rudolf Steiner beschreibt in seinem Buch *Theosophie* die Wesensglieder des Menschen, der dreifachen Einteilung in Leib, Seele und Geist folgend, aber auch den komplizierteren Aufbau der menschlichen Wesenheit darstellend. Dabei zeigt sich das Ich als Wesensmittelpunkt. Das Ich findet sich in der „Verstandes- und Gemütsseele" und arbeitet von dieser Mitte aus in der Seele, wandelt sie um und vergeistigt sie. Dabei wird sie zum „Geistselbst", deren Ausgangspunkt und Keim die „Empfindungsseele" ist. Dann wandelt das Ich den Lebens-Körper um: dieser zeigt sich dann zuerst auf seelischer Ebene als „Verstandes- oder Gemütsseele" und dann auf geistiger Ebene als „Lebensgeist". Schließlich arbeitet das Ich am physischen Körper – dieser wird auf seelischer Ebene die „Bewusstseinsseele" und danach der „Geistesmensch". Dieser zukünftige Mensch, den frühere Mystiker als Braut und Bräutigam der Seele ansprachen (der Oversoul-Bereich), ist für uns noch ein fernes Ziel, aber die Engel sind bereits so weit auf ihrem Weg fortgeschritten, dass sie ihre Seelen schon vollkommen vergeistigt haben. Die *Erzengel* der nächst höheren Hierarchie haben auch schon ihren Lebens-Körper und die *Archai*, Urbeginne oder „Geister der Persönlichkeit" auch schon ihren physischen Leib vergeistigt.

So wie wir in uns die Naturreiche des Mineralischen, Pflanzlichen und Tierischen tragen, tragen wir auch Elementarwesen und die Engel-Reiche in uns. Das für uns nächstliegende Engelwesen ist der persönliche Engel eines jeden Menschen, der oft auch als „Schutzengel" bezeichnet wird. Im Blick auf die höheren Engel-Reiche muss man berücksichtigen, dass „Mensch", „Engel", „Erzengel" und so weiter imgrunde Bewusstseinsstufen sind.

Als Geist zwischen Geistern

Es gibt nun durchaus Therapeuten, die mit dem Engel arbeiten. Ich bin hier einer Auffassung mit Hans ten Dam, dass dies eine Form darstellt, nicht selbst Verantwortung zu übernehmen. Das Tragen eigener Verantwortung ist aber für uns Menschen – als *Geister*, die wir sind – auf der Erde ganz wesentlich. „Der Engel hat gesagt, ich soll dieses oder jenes tun" – das hat schon oft zu Kriegen, ob zu großen oder kleinen, geführt. Heute gilt: *Du selbst bist verantwortlich für dein Erdenleben.*

Es gibt allerdings Bereiche in der Therapie, wo meiner Auffassung nach die Hilfe von Engeln und Lichtwesen angebracht ist – vor allem im Reich des Geistes. Hier aber sind sie immer da. Rudolf Steiner sagt in einem Vortrag über *Geistige Hierarchien* (GA 110): „Wenn Sie einen Engel aufsuchen wollen, müssen sie berücksichtigen, dass sein Physisches hier unten nur etwas ist wie ein Spiegelbild seiner geistigen Prinzipien, die auch nur im Geistigen zu schauen sind. Im fließenden und rieselnden Wasser, in dem sich in Dunst auflösenden Wasser, ferner in den Winden der Luft und in den durch die Luft zuckenden Blitzen und dergleichen, da haben sie den physischen Körper der Engelwesen zu suchen…"

In seinen *Mysteriendramen* zeigt Rudolf Steiner, wie es einer Gruppe von

Menschen gelingt, in seelisch-geistige Welten und in frühere Erdenleben zu schauen, *ohne* dass Engel als geistige Führer sichtbar dabei wären. Den Menschen wird aber geholfen von den eigenen, in Entwicklung befindlichen Seelenkräften und von ihrem Schicksal.

Als Beispiel für das Geschilderte sei hier ein Fall gewählt, bei dem man erlebt, wie die Seele ihre Freiheit, ihre „Mitte" sucht – und zwar mit großer Kraft – und dabei ursprünglich Gutes zu Bösem werden kann, wenn dies nur im traumatischen Erlebnis gelingt. Zudem wird an dem Beispiel sichtbar, wie ein solches „Postulat" entstehen kann und wie man eine Idee als Ursache für das nächste Leben mitnimmt.

Ein Beispiel

„Ich entfliehe mir selbst – ich fühle mich, als dürfte ich nur für andere da sein, und ich will mich nur verstecken…" – Die Patientin, die sich so fühlt, entdeckt bei der Reinkarnationstherapie in sich eine kleine Schlange mit einem Menschenkopf; diese verwandelt sich allmählich in eine alte, kahl geschorene Nonne. Sie lebt in einer Zelle, ähnlich einem Kerker, und schaut von dort in eine andere Welt; darüber schreibt sie auch. Jahrelang lebt sie in dieser Zelle und geht nur zum Essen in den Speisesaal. Ihr Leben sah so aus: Als sie von ihrer Mutter als Baby erwartet wird, ist sie froh und geborgen; sie ist das erste Kind und beide Eltern freuen sich auf die Geburt des Kindes. Die Geburt beginnt gut – aber dann blutet die Mutter, ihr Leben strömt aus ihr heraus, alle Beteiligten sind entsetzt, kümmern sich nur um die Mutter, und das soeben geborene Kind liegt kalt und traurig, dabei immer noch hoffnungsvoll, da. Schließlich stirbt die Mutter, trotz ihres Sterbens dankbar darüber, dass das Kind lebt. Der Vater heiratet eine andere Frau und bekommt weitere Kinder mit dieser. Das erstgeborene Mädchen wird von der Stiefmutter mit zwölf Jahren ins Kloster gebracht, wobei alle meinen, dass dies ihrem Schicksal entspricht. Dort wird von ihr nichts als Gehorsam erwartet. Sie muss immerzu dienen und für andere da sein. Als Jüngste im Kloster besteht ihre Aufgabe jahrelang darin, andere zu bedienen. Nur in der Klosterküche begegnet sie einer freundlichen Köchin, die sie hin und wieder für sie selbst sein lässt, und die ihr auch ein wenig Unterricht und Zeichenlehre erteilt. Die junge Novizin zeichnet die Kräuter im Klostergarten, so einfühlsam, dass man aufmerksam darauf wird. Sie erweist sich als begabt und wird selbst als Lehrerin ausgebildet. Obwohl sie gern die Kinder unterrichtet, kommt schließlich der Augenblick, wo sie die Gelübde ablegen soll. Sie empfängt eine schwarze Kutte, die sie in ihren Bewegungen hemmt. Sie fühlt sich wie in einem Gefängnis. Dann kniet sie nieder und es ist ihr, als wenn man ihr mit einem Stein auf den Kopf schlüge. „Mein Kopf wird zugeworfen" – das ist das erste, grobe Abschneiden ihrer Haare. Sie erlebt dies als tiefe Erniedrigung, so kahl dazustehen. Sie erlebt: „Nun bist du eine von uns und kannst nie mehr weg." Sie erfährt sich als gebunden an Gehorsam, Keuschheit und den Orden, und das Gehen in immer demselben Klostergang macht sie fast verrückt. Schließlich sieht sie nur noch einen Ausweg: ganz in der Zelle zu bleiben. „Hier in der Zelle bin ich wenigstens ganz allein, hier kann ich ‚ich selbst' sein" (situationsbedingter Gedanke). Hier kann sie einfach liegen und endlich „Eins sein" – ein Teil von ihr, der Körper, liegt da, und sie selbst ist frei – man trägt den Körper weg. Jetzt erst, in der Therapie, spürt sie, dass es damals ein Sterben war, und geht ins Licht, erlebt ein Willkommen, eine Reinigung, ein Fest, und schaut dann zurück. Dabei entdeckt sie: es hätte eigentlich ganz anders sein sollen, nämlich ein Leben in Freiheit und Freude. Sie gibt nun, in der therapeutischen Arbeit, ihre Gelübde, die Kutte, die Tonsur, den Gehorsam, die Keuschheit und das Schweigen zurück und bekommt dafür Freiheit, Beweglichkeit, ihren eigenen Körper, Licht (sie war in einer finsteren Zelle ohne Blick nach außen) und eine Umwelt zurück. Sie entdeckt, dass es ihre Aufgabe war zu lernen, bei sich selbst bleiben zu können.

Eine andere Seele wurde in einem früheren Leben aus einem Liebesverhältnis zwischen einem Geistlichen (Zölibat!) und einem Mädchen geboren. Dieses versteckte sich, um den Mann zu schützen, gab ihr Kind ab und ging ins Kloster. Ihr Kind kam ebenfalls früh hinter Klostermauern. Dort hatte diese Seele fast die gleichen Erlebnisse des „Gefangenseins" wie jene in dem oben beschriebene Nonnen-Schicksal, erlebte aber das ersehnte: „Jetzt kann ich leben – jetzt kann ich frei sein" nicht in der Isoliertheit ihrer Zelle, sondern erst im Sterben. In beiden Fällen bestätigte sich im gegenwärtigen Leben das Gefühl des Eingeschränkt-Seins und wurde so zu einem „Postulat". Nur in eigener, freier Arbeit kann dies in ein reiferes Urteil umgewandelt werden. Allerdings muss man dabei immer suchen, ob die Wurzel vielleicht noch tiefer sitzt: ein Postulat entsteht allmählich, indem ein erstes Urteil in der Seele sich mehrere Male bestätigt. Man zieht dann die Wiederholung eines ähnlichen Schicksals immer wieder an – durch die Macht des eigenen Geistes!

Den Kern solcher Postulate wie „Ich kann nur in einer Zelle frei sein" oder „Ich kann nur leben, indem ich sterbe" oder „Ich werde immer im Stich gelassen" bilden situationsbedingte – also unfreie – Gedanken, die sich im Lebensleib auf der mentalen Ebene anhaften und sich immer wiederholen.

Oft wechseln sie auch ab mit dem Gegenteil, wobei man dann zwanghaft an Menschen oder an Orten festhält, weil einem alles Loslassen wie ein Im-Stich-lassen erscheint, das man vermeiden möchte. Nur durch *Einsicht* und *Anschauen* des Sinns der jeweiligen, gewesenen Situation gelangt man zu einem *freien Urteil* auf der *spirituellen Ebene* – jener des Geistes.

5. Stufen der Menschwerdung

Natur und Mensch

Körper, Seele und Geist sind Wesensbereiche des Menschen. Existieren sie aber auch unabhängig davon und außerhalb seines Wesens?

Steine lassen sich leicht als Körper erfassen: sie haben Maß, Zahl und Gewicht. Aber Steine sind nicht alle gleich, sie sind keine am Fließband produzierten Massenprodukte, sondern haben ganz unterschiedliche Eigenschaften in Struktur, Farbe und Wirkung: es haftet Seelisches und Geistiges an ihnen. Zu tiefer Ruhe erstarrt sind sie die Bewahrer der Erden-Schöpferkräfte.

Pflanzen sind zwar durch ihre Wurzeln weitgehend an ihren Standort gebunden, ihre Gestalt bilden sie aber in einem zeitlichen Rhythmus, und zwar reagierend auf Jahreszeiten, Wetter, eingebunden in die ganze Bewegung der Erde im Kosmos. Ihre Existenz reicht von den bis fast zu Stein gewordenen Samen, von hartem Holz bis hin zu farbenprächtigen Blüten und weichen Früchten. Pflanzen vermehren sich, verschenken sich an ihre Umwelt. Sie leben ein großes „Geben".

Tiere sind vollkommen sie selbst. Sie leben ihre Seele aus, spielen ausgelassen, jagen leidenschaftlich, empfinden aber auch intensiv Angst und können genauso, wie sie absolut hingegeben genießen, auch absolut wehrlos leiden. Sie sind ihren Trieben und Instinkten hingegeben, aber auch ausgeliefert, der Natur um sie herum ebenso wie dem Menschen, der sich ihrer bedient und sie als helfende Kameraden und treue Seelen gewinnen kann. Bei den Tieren handelt es sich schon ganz deutlich um verkörperte Seelen.

Der Mensch als Teil des Makrokosmos

Die den Menschen umgebende Natur ist vollkommen vom Geist durchdrungen. Der Geist ist es, der die Natur zu einer Ganzheit macht, zu einem Ausdruck von Harmonie und Weisheit: der mineralische Boden, der alles trägt, die Pflanzenwelt, die alles nährt und atmen lässt, die Tiere, die alles mit Bewegung, Klang und Freude erfüllen.

Der Mensch fällt zunächst aus all dem heraus. Er kann einerseits als Vollendung der Natur gelten: indem er wissend, verstehend mitten in ihr steht, Teil von ihr ist; so gesehen, erkennt und findet sich die Natur in ihm selbst wieder.

Andererseits steht er außerhalb ihrer Harmonie und Ganzheit: er folgt nicht blindlings seinen Trieben und Instinkten, ist wechselhaft in seinem Verhalten, weiß manchmal gar nicht recht, was er eigentlich will, beurteilt sich selbst und ist voller Fragen. Er erlebt sich durchaus als Teil der größeren Einheit, aber genauso – und weit häufiger – auch als ihr Zerstörer.

Anders als im bewussten Leben verhält es sich im Schlaf, und noch anders im Sterben: da löst sich der Körper wieder in der Natur auf, die Seele erlebt sich (mehr oder weniger) schlafend oder hellwach in der „anderen Welt", im Seelen- und Geisterland nach dem Tode. Hier erfährt der Mensch eine Umkehrung: es erscheint ihm, als solle er nun in eine Harmonie einkehren, und er kann Hilfe dabei erfahren, die Fehler und die Zerstörungen, die er während seiner Verkörperung hinterlassen hat, wieder gut zu machen.

Der Mensch ist zwar der Vollender der Natur, aber er ist dabei gleichzeitig ein Werdender. Er ist ein vollendetes Glied der Natur, insofern sich in ihm der gestaltende Geist selbst verkörpert, aber er ist es auch wieder nicht, insofern er gerade als Mensch die Verbundenheit mit der geistigen Heimat zeitweilig völlig verlieren muss. In dem ihm eigenen, selbstbewussten Tätigsein zerstört er zunächst die schon gewordene Ordnung der Natur. Sein Geist sucht zunächst einmal *sich* und verliert dabei das Erleben des Eins-Seins als Teil der Ganzheit.

Der Mensch als Mikrokosmos

Auch in Bezug auf den eigenen Körper zerstört der Mensch die gewordene Harmonie: da gibt es das Phänomen der Krankheit. Ganz allgemein gesprochen sind körperliche Leiden beim Menschen Folge von Verhärtungen und Verkrampfungen, oft mit Schmerzen verbunden, die Seele klammert sich zu tief im Körper fest; seelische Leiden, bei denen viel Fremd-Energie im eigenen Innern erlebt wird, sind Folge einer zu lockeren, nicht genügend tief erfolgenden Inkarnation der Seele. Aber beide, sowohl diese eher körperlichen wie die eher seelisch sich äußernden Erkrankungen sind letzen Endes Folgen (und wiederum neue Ursachen) auf dem Entwicklungsweg des Geistes, der die verschiedenen Erdenleben und dazwischen liegende Zeiten im Seelen- und Geistgebiet durchlebt.

Jede neue Verkörperung von Seele und Geist des Menschen zeigt das einzigartige Schicksal jedes Individuums. Eine Seele verkörpert sich, um sich zu entwickeln beziehungsweise um bestimmte Probleme zu lösen. Sie sucht sich die Eltern und die Umstände, die genau zu diesen Problemen passen: so gibt es beispielsweise typische Situationen, in denen immer der älteste Sohn wegzieht und kaum noch Kontakt zu den Eltern hat, oder wo der Vater verschwindet, sobald ein Kind kommt. Gerade diese Familie kann das Problem der sich in dem Kind verkörpernden Seele aktualisieren. Gerade hier verkörpert sich nun eine Seele, die schon oft ihre Eltern verlassen hat, die das jetzt zwar nicht vorhat, aber nun damit zu ringen hat. Und im zweiten Fall verkörpert sich hier z.B. eine Seele, die im letzten vorangehenden Leben einen so unerträglich harten Vater hatte, dass sie meinte: ganz ohne Vater wäre es doch besser. Auf diese Weise „aktualisieren" Familienschicksale die Schicksale der Seele des Kindes – aber auch umgekehrt: die im Kind verkörperte Seele kann, indem sie ein eigenes Problem löst, auch ein Familienschicksal lösen. Es gibt zahllose Beispiele dafür, und man kann sich vorstellen wie wunderbar es beispielsweise ist, wenn ein Missbrauch, der sich schon über Generationen von den Eltern auf die Kinder immer wieder fortgesetzt hat, in einer Familie definitiv sein Ende findet. Und dazu braucht es dann eben eine Seele, die sich damit aus eigenen karmischen Gründen auseinandersetzen will.

In einem anderen Fall hat eine Seele das Problem, nicht frei sein zu können, obwohl sie sich danach sehnt. In dieser Sehnsucht findet diese Seele eine junge Mutter, die ihre eigene Freiheit intensiv auslebt. Die sich voller Freude inkarnierende Seele genießt dies mit. Dann aber entdeckt die Mutter, dass sie schwanger geworden ist und fühlt sofort: jetzt ist es mit meiner Freiheit vorbei. Genau hier beginnt nun die Entwicklungschance für die sich inkarnierende Seele. Denn das alte Karma, das zu lösende Problem, muss immer wieder zunächst wie neu erlebt werden: das ist die Aufgabe, die diese Seele sich im jetzigen Leben als Lösungsversuch vorgenommen hat.

Neben der Wahl einer Eltern- und Familienthematik sind die Zeit der Schwangerschaft und die Geburt selbst wesentliche Phasen und Möglichkeiten der Anknüpfung an bestehende Aufgaben der betreffenden Seele, schon allein deshalb, weil Geborenwerden und Sterben Polaritäten sind und zusammengehören: deshalb finden wir auch bei der Geburt oft Todesgefahr und die Aktualisierung von vergangenen Sterbe-Erfahrungen. Stanislaf Grov nannte das Auftauchen von Erfahrungen, die immer wieder vorkommen *„condensed experience"*, *Coex*. Relativ bekannt geworden sind im Rahmen der Reinkarnationstherapie mittlerweile Würge- und Erstickungserlebnisse, die beispielsweise bei einer Geburt aktualisiert werden, bei der die Nabelschnur um den Hals geschlungen ist. In meiner Praxis tauchte einmal als Geburtserlebnis auf: „Ich bekomme keine Luft, alles ist zu eng, ich habe Angst, zu sterben – die Hebamme hält mich zwar, aber ich bekomme immer noch keine Luft – alles in mir ist verspannt und steif…" Diese Seele hatte einen Tod auf dem elektrischen Stuhl erlebt, und auch dieser trat während der Therapie hervor: „Ich ersticke, es wird alles heiß – die Arme und Beine … ich verbrenne." Die Verkrampfung im Sterben wurde in der Geburt aktualisiert und so als „karmisches Gepäck" in das jetzige Leben mit hineingetragen.

Auch die vielfältigen Schwierigkeiten, sich direkt nach der Geburt mit der Mutter, mit Eltern und Erziehern verbinden zu können sind ein Gebiet, wo viele alte Trennungs-, Verlust- und Einsamkeitserlebnisse für die betreffende Seele wieder auftauchen können.

Gehen

Die Entwicklung des Kleinkindes in den ersten drei Jahren ist einmalig als Bild für den sich durchdringenden Prozess der Menschwerdung in Körper, Seele und Geist. Es war Rudolf Steiner, der auf die drei grundlegenden, in dieser Phase entstehenden Fähigkeiten hingewiesen hat: das Lernen von Gehen, Sprechen und Denken.

Neugeborene Säugetiere brauchen höchstens einige Stunden, um das ihrer Art eigene Gehen zu erlernen. Der Mensch braucht etwa ein Jahr, um sich selbständig diese Fähigkeit anzueignen, die als Reflex-Anlage bereits unmittelbar nach der Geburt vorhanden ist. Das Bewegen, die erst dem Tierreich eigene Fähigkeit, ist die vorletzte Stufe in der Evolution. Hier beginnt sich das menschliche Kind mit dem jüngsten und am meisten plastisch gebliebenen Teil des Körpers einzuleben.

Beim *Gehen* entsteht aber nicht allein die Fähigkeit der eigenständigen Bewegung, sondern der jeweils ganz eigene Gang eines Menschen. Ein Kind kann selbstbewusst und sicher, aber auch verunsichert seine ersten Schritte tun. Wenn es zum Beispiel während der Schwangerschaft miterlebt hat, dass eigentlich kein Raum für es da ist, dass es vor allem die Freiheit der Eltern in Beschlag nimmt, wird es unsicher sein – oder im Gegenteil: gerade provozierend auftreten. Wenn Rudolf Steiner einmal sinngemäß gesagt hat (bei Vorträgen im April 1923 in Prag), unsicher tänzelnde Schritte seien die Folge eines brutalen, mitleidlosen Auftretens im vorigen Leben, dann muss man das schon ernst nehmen, aber nicht als absolut gültiges Gesetz verstehen, denn für die sicheren oder auch verunsicherten ersten Schritte im Leben kann es durchaus mehrere mögliche Gründe und kompliziertere moralische Zusammenhänge aus einem vorigen Leben geben.

Sprechen

Hier wird nun nicht nur das Bewegen von Körperteilen beherrscht, sondern das bewegende Gestalten der ausgeatmeten Luft. Es ist ja im Grunde die Luft, die schöpferisch zu immer anderen Wort-Verbindungen und Sätzen gebildet wird, wobei in jeder Sprache eine Weisheit liegt, mit der sich das Kind verbindet, noch ohne jegliche Kenntnis von Grammatik. Wie in der Außenwelt die Natur immer neue Blätter und Blüten bildet, so bildet das Kind seine Wörter, Sätze und Geschichten.

Das *Sprechen* ist in seiner Komplexität bereits vielfältig erforscht worden. Es ist bekannt, dass das kleine Kind bereits viel früher „versteht" als von dem Zeitpunkt an, wo ihm die Worte und Begriffe wirklich bewusst sind. Die Sprache ist eben nicht nur eine körperliche Fähigkeit, vielmehr werden Kehlkopf, Zunge und die Höhlungen von Kopf und Hals zum Instrument der Seele gemacht. Der Klang der Sprache, der weich, scharf, dumpf, gebrochen, wohl tönend gebildet werden kann, drückt genau die Stimmung des Sprechenden aus: und diese versteht das Kind. Auch die Gebärden des Sprechenden, die das Wollen transportieren, versteht das Kind. Wenn zum Beispiel eine Mutter voller Entsetzen schreit: „Nein, nicht anfassen!", wenn ihr Kind in Richtung eines kochenden Topfes greift, reagiert das Kind auf die Emotion in der Stimme der Mutter – und hält inne. Nun ist aber Sprache auch ein Werkzeug des Geistes. Gerade dies macht die Laute zu dem im eigentlichen Sinne nur beim Menschen vorhandenen Sprechen. Und dies, die Laut gewordene Bedeutung, ist mit dem Sinn oder Inhalt der Worte gemeint.

In den 60er Jahren des 20. Jahrhunderts hat der englische Psychiater Ronald Laing auf die so genannten „Double Bind"-Botschaften von Eltern bzw. Erziehern hingewiesen, durch die Schizophrenie hervorgerufen wird. Dabei handelt es sich um Botschaften, bei denen die Gebärde (also der willenshafte oder moralische Anteil der Aussage), der Klang der Worte (die gefühlshafte Aussage) und der Sinn der Worte nicht zusammenpassen, ja sogar komplett entgegengesetzt sind, z.B. wenn Eltern strenge Zurechtweisungen mit lächelnder Geste erteilen. Wenn zum Beispiel ein Vater in dieser leicht lächelnden Haltung sagt, dass die Jungen auf keinen Fall mit ihren schmutzigen Schuhen auf die soeben geputzten Fliesen bei der Tante treten sollen, dann spüren die Jungen sofort, dass da etwas nicht stimmt; fast zwangsläufig werden sie unsicher und reagieren dann auf *ihre*, das heißt kindgemäße Weise, indem sie durch ihre Körpersprache eine Bestätigung suchen und zum Beispiel millimeter-nahe mit ihren Schuhen an die Fliesen heranrücken. Wenn der Vater darauf erschreckt und dann doch barsch und streng reagiert, verstehen sie wieder, was gemeint ist. Falls der Vater aber wegschaut, gehen die Schuhe unter Umständen weiter. Die so entstehenden, kleinen „Familiendramen“ kann man sich leicht vorstellen.

Dafür gibt es im täglichen Leben weitere zahlreiche Beispiele, denn uns ist nicht immer bewusst, wenn Geist, Seele und Körper nicht auf einer gemeinsamen Spur liegen. Zum Beispiel ruft ein Dirigent gereizt: „Stopp! Spielt das doch endlich einmal heiter, entspannt und locker!“ Oder: Eine Mutter plant einen Ausflug und hat ihrem zweijährigen Kind ein reizendes neues Kleid angezogen; während sie ihr kleineres, einjähriges Kind noch zurecht macht, spielt das größere noch schnell im Sandkasten und macht sich total schmutzig. Die Mutter bewahrt mit Mühe die Ruhe und ihr Geist beschließt: „schnell ein anderes Kleid anziehen“, ihre Seele aber ist doch erregt, ihre Hände wollen sofort zupacken. Sie ruft: „Komm her!“ Das Kind ahnt am schrillen Klang der Worte und der drohenden Gebärde, dass irgendetwas nicht stimmt und rührt sich nicht von der Stelle. Darauf ist die Mutter der Auffassung, das Kind sei nun auch noch ungehorsam. Das Kind hat aber nur ehrlich und altersgemäß auf die Emotion der Mutter mit Schrecken und Erstarrung reagiert. So wird das Lernen der Sprache für das Kind zu etwas sehr Kompliziertem.

Denken

Die letzte Fähigkeit, die das Kind sich erobert ist da angesiedelt, wo die Evolution „am ältesten“ ist: Kopf und Gehirn wurden in der Embryonalzeit als Erstes gebildet und die Gehirnzellen sind am meisten differenziert, auf Kosten der Vitalität. Hier ist das Gewebe am meisten passiv, wie im Makrokosmos die Steine – der Geist muss hier am meisten aktiv sein – und sich auch finden lernen.

Das *Denken* ist für die Kinder ganz wunderbar über den Sinn der Worte zu entdecken und bereitet ihnen, wie man immer wieder beobachten kann, auch viel Freude. Kinder können endlos fragen. Hier hat nun die „Double Bind“-Botschaft der sprechenden Angehörigen noch eine andere Folge – ein Kind hat das Bedürfnis, den Erwartungen der Erzieher zu entsprechen.

Also darf das Kind nicht auf seine eigenen Gefühle reagieren (Angst vor der schreienden Mutter), sondern nur auf den gedanklichen Inhalt ihrer Aussage. Das Kind „überlebt“ solche Situationen, indem es sich auf die Kopf-Ebene zurückzieht. Es flüchtet in die Intellektualität hinein und verdrängt seine eigenen Gefühle und Wünsche indem es versucht, sich angepasst zu verhalten. Über diesen Zusammenhang hat u. a. die Psychotherapeutin Alice Miller geforscht. Was hier entstehen kann, ist ein Missbrauch des Kindes auf seelischer Ebene: Denn das Kind wird, weil es so gut und intensiv versteht, leicht von einem Elternteil als Ersatzpartner in Anspruch genommen. Dadurch wird das Denken des Kindes zu früh entwickelt, tendenziell verzerrt, verkrampft und unfrei. Später wundert man sich dann vielleicht, warum dieses Kind immer so skeptisch ist und mit seinem Denken nicht gut umgehen kann. Ein Erwachsener mit diesem Erfahrungshintergrund entdeckte in einer Therapiesitzung dann in seinem Kopf (bildlich) ein walnussartiges Gebilde: die unverarbeiteten Gedanken des Elternteils, die er immer so gut hatte „verstehen“ können…

Diejenige Art des Denkens, die sich im „Westen“ seit der Neuzeit herausgebildet hat, lässt sich als dualistisch charakterisieren, sie trennt die Welt in Subjekt und Objekt und kann zunächst nur das Tote, das sinnlich Wahrnehmbare und Messbare erfassen. Das Denken ist aber auch derjenige Ort, wo der Mensch seine Freiheit erleben kann, das Freisein vom Körperlichen und von der sinnlich gegebenen Natur. Diesem Thema hat Rudolf Steiner seine *Philosophie der Freiheit* gewidmet, in der er vor allem darauf hinweist, dass sich das Denken vollkommen der ihm innewohnenden Eigengesetzlichkeit fügt. Am deutlichsten wird das in der Mathematik, aber auch bei grundlegenden Gedankenbeziehungen wie z.B. der Beziehung von Ursache und Wirkung. Mit der Natur dieser Gedankenbeziehungen hat die Ebene der empirisch erforschbaren Gehirnzellen nicht das Geringste zu tun. Nur ein sich ganz frei seinem Gegenstand hingebendes Denken kann lebendig und inspirierend werden, zum Träger von Intuitionen und moralischer Phantasie. Für solche Freiheit aber muss das Denken in Ruhe heranreifen können.

Sich finden als „Ich“

Zu den drei Grundfähigkeiten des Gehens, Sprechens und Denkens kommt als Viertes das Vermögen hinzu, zu sich selbst „ich“ sagen und ein Ich-Erlebnis haben zu können. Dafür schafft sich das Kind zunächst, auch ganz buchstäblich, einen Raum im eigenen Handeln. Es grenzt sich ab, sagt „nein“, wenn von ihm etwas verlangt wird, und handelt nach seinem „eigenen" Kopf. Es ist im Trotzalter und will selbst essen und sich beim Einkaufen mit den Eltern im Laden selbst bedienen. Es rührt sich nicht von der Stelle oder es rennt weg – eben ganz, wie es will. Das erste Ich-Erlebnis ist vor allem das Erleben des Ich in den Grenzen des Körpers. Es wird vom Kind dann auch bestätigt im ersten Benennen von sich als „Ich" anstelle des eigenen Namens. Es empfindet sich als ein wollendes Ich. Erst mit etwa neun Jahren wird das Ich auch richtig im Fühlen, in der eigenen Seele, und damit wiederum auch als Ich in neuer Art im Körper erlebt. Damit verbunden ist dann – ganz anders als beim lebensfroh-trotzigen Abgrenzen des Kleinkindes im Neinsagen – auch ein Einsamkeitserleben verbunden.

In der Pubertät gibt es dann das dritte Ich-Erlebnis: im Denken. Dieses Ich-Erlebnis ist stark verbunden mit der Sinn-Frage: Wer bin ich? Was will ich? Auch dieses Ich-Erlebnis entwickelt sich in unserer Gesellschaft keineswegs selbstverständlich. Das zeigt sich zum Beispiel daran, dass viele Menschen das Wörtchen „ich" kaum verwenden. Sie geben dann keine so genannten „Ich-Botschaften", sondern sagen dann – obwohl sie von sich sprechen – beispielsweise „man sagt", „man meint doch" oder ähnliches. Hier besteht eine Hilflosigkeit; man spürt kaum das eigene Ich und redet deshalb von „man".

So zeigt sich, wie das Ich im Körper und im Wollen erlebt wird („Trotzalter"), dann im Sozialen und im Fühlen („Ich bin so traurig, niemand versteht mich") und im Denken (Sinn-Frage). Hier nun will sich der Geist auch im menschlichen Mikrokosmos finden und sich als Ganzheit harmonisch zusammenfassen. Zugleich ahnt der Mensch diese Verbindung und sucht seinen Ursprung im Makrokosmos wieder zu finden. Wie sich das Körperliche am meisten zeigt im Gehen und Handeln, das Fühlen in der Sprache und im Atembereich und wie das Denken vor allem im Kopf bewusst wird, so erleben wir das Ich vor allem im Herzen. Schon auf der physiologischen Ebene finden wir es aufgebaut mit vier Kammern und einem Zusammentreffen von „Gegensätzen"; hier gibt es schnelles und langsames, blaues und rotes, vom Kopf und von der Leber kommendes, hineinkommendes und herausgehendes Blut. Das Ich-Erleben zeigt immer das Element eines Sich-Anschauens und Sich-Beurteilens. Bewusstsein wird hier zu Selbst-Bewusstsein.

Erst diese vier Stufen: über den Körper (Wollen), die Seele (Fühlen) und Geist (Denken), vom Ich harmonisch zusammengefasst, führen zum Menschen mit seinem Ideal des Wahren (Denken), Schönen (Gefühl) und Guten (Wollen).

Ausgangspunkt: ernsthafte Probleme

Die Reinkarnationstherapie nimmt nun gerade in Problemen oder Krankheiten, sofern sie immer im Kern eine Disharmonie der drei gekennzeichneten Stufen oder „Wesensglieder" darstellen, als Schlüssel und Tor zur Heilung. Sie nimmt den Körper ernst, ebenso die Seele und den Geist, jedes Wesensglied für sich – und fügt sie in ihrer ursprünglichen Harmonie wieder zusammen. Ein Mensch beispielsweise, der immer panisch wird, wenn ein Flugzeug über ihn hinwegzieht: ihm wird geholfen, indem die Panik in seiner Seele ernst genommen wird. Das bedeutet: wir verstehen, dass er im Hier und Jetzt für diese Panik keinen Grund hat. Und doch existiert jetzt diese Panik in ihm. Woher kommt sie? Zu welchem Körper gehört sie? Zu welchem Ich? So begeben wir uns auf die Suche nach den dazugehörigen Elementen der Körper- und der Geist-Ebene. Und es stellt sich heraus, dass er im früheren Leben als junger Soldat gestorben ist; der Kopf war bei einem Angriff sofort zerschmettert worden und er hatte überhaupt nicht mehr verstehen können, was da passiert war: das Letzte, was er bewusst erlebte, war gerade das Anfliegen eines Flugzeugs und seine eigene Panik gewesen, und er hatte sich nicht mehr retten können.

Seelen, die in einer Situation sterben, wo sie sich „mit ganzer Seele" dem sie umgebenden irdischen Treiben hingeben, finden nicht leicht den Weg aufwärts zur seelisch-geistigen Heimat. Finden sie diesen Weg ins Licht, dann wird ihnen dort geholfen, die Erfahrungen zu verarbeiten und ein neues Gleichgewicht für die folgende Verkörperung aufzubauen. Finden sie diesen Weg nicht, dann meldet sich das unverarbeitete Schicksal bald in einer nächsten (meist relativ schnell erfolgenden) Verkörperung (wie beim oben genannten Beispiel), oder auch im Schicksal sensibler und offener Mitmenschen. Da findet beispielsweise jemand eine neue Arbeitsstelle, freut sich auf die Arbeit, kommt voller Energie und zielstrebig an den neuen Arbeitsplatz – und schafft es nicht. Statt beherzt zu beginnen, fühlt er sich wie „leer gelaufen" und ist verwirrt; er weiß nicht, wo er anfangen soll, über jedes Maß hinaus, das vielleicht in solchen Situationen eines Neubeginns zu erwarten wäre. Das plötzliche Gelähmt-Sein und die Leere des Körpers, dazu das verwirrte Suchen des Geistes und ein merkwürdiger Schrecken in der Seele: das passte alles nicht zu dem Hier und Jetzt. In der Therapie wurde es aber ernst genommen und es zeigte sich als voll verständlich und als sinnvolle Einheit in Gestalt einer Gruppe von Menschen, die in einem früheren Leben umgebracht worden waren, während sie sich auf dem Weg zu ihrer täglichen Arbeit befanden, und zwar genau an der Stelle des jetzigen neuen Arbeitsplatzes. Sie waren es, die „leer gelaufen“ waren (das Leben war buchstäblich aus ihren Körpern heraus geflossen), sie waren es, die nicht hatten verstehen können, und sie waren es, denen die Zeit gefehlt hatte, das Erschrecken bewusst zu erfahren. Man lässt sie dann in der Therapie nicht nur ihren Tod noch einmal, diesmal bewusst, erfahren, sondern auch sich verabschieden und lösen von dem, was sie vormals ans Leben gebunden hatte. Nach dieser Sitzung war ein normales Leben am Arbeitsplatz möglich.

Entwicklungsstufen und Wendepunkte

Bei uns Menschen der Gegenwart sind die Seelenkräfte des Denkens, Fühlens und Wollens oft auseinander und durcheinander geraten. Die Zeiten zwischen den Leben verlaufen oft nur „schlafend“ und daher verkürzt. Je schwerer das „Karma-Gepäck“ ist, je näher man nachtodlich der Erde verhaftet bleibt und je schneller man wiedergeboren wird: der Karma-Koffer wird immer noch schwerer und die Verkörperungen noch rascher. So wird man fast ganz erdgebunden. Und irgendwann ist ein Tiefpunkt und damit auch ein Umkehrpunkt erreicht. Dieser Umkehrpunkt, in dem jedes Pendel umschlägt, kam, menschheitsgeschichtlich gesehen, für eine sehr große Zahl von Seelen im 20. Jahrhundert und führte auf verschiedenste Arten in irdische Katastrophen hinein. Der Holocaust ist für Millionen von Seelen so ein Umkehrpunkt geworden. In den 60er Jahren waren viele von ihnen bereits „wieder da“, aber jetzt mit starken Impulsen, ihre seelische und geistige Heimat wieder zu finden – und bewusst in ihre irdischen Erfahrungen mit hineinzunehmen. Der Rabbiner Yonassan Gershom hat viele solcher Fälle gesammelt und in seinen Büchern beschrieben. Das neue Suchen nach der eigenen Harmonie und nach dem richtigen Zusammenfügen der Wesensglieder brachten sie als starkes Bedürfnis mit. Sie *wussten* um ihre Knoten, sie *empfanden* ihr nicht-stimmiges Gefühl und sie *taten* den Schritt zur Therapie. Die Vorgänge der massenhaften Vernichtung von Menschen im Holocaust, ähnlich wie die massenhafte Tötung von Menschen im Kommunismus unter Stalin, Mao oder Pol Pot, bleiben unfassbar und sind durch nichts zu rechtfertigen. Und doch wurde dies für viele Seelen gerade die Zeit, in der sie umkehren *mussten.*

Polarität

Zum besseren Verständnis des „Wendepunktes“ als Entwicklungsschritt schauen wir uns noch einmal die vier Stufen an: Sowohl im Makrokosmos wie auch im Menschen finden wir das Mineralische, das Lebendig-Pflanzliche, das Tierische und das eigentlich Menschliche. Wie sieht es mit den Übergängen dazwischen aus?

Die Pflanze übersteigt und umfasst nicht nur das Mineralische, sie wendet es auch in das völlige Gegenteil: anstelle harter, fester Dichte und der Gebundenheit an die Schwerkraft wächst sie nach oben, wird dort immer „lockerer“, löst sich schließlich in Farbe, Duft und Blütenstaub gleichsam auf.

Das Tier übersteigt und umfasst nicht nur Stofflichkeit und Pflanzlichkeit, sondern verwandelt grünen Saft in rotes Blut. Anstelle der Hingabe von Gliedern und Blättern an Sonne und Regen faltet das Tier alles Blatt-, Blüten- und Fruchtartige nach innen und bildet in sich eine eigene Welt: die eigenen Organe, ganz nach seinen Bedürfnissen gefügt.

Der Mensch übersteigt und umfasst – als werdendes Wesen – Stein, Pflanze und Tier und baut in der Außenwelt seine „Organe“: Tempel, Büros, Verkehrsmittel, Haushaltsgeräte, Computer, Krankenhäuser, Waffen – alles nach seinen Bedürfnissen. Der Mensch kann seinen Egoismus ausleben oder sich ganz an „Höheres“ hingeben. Er kann geben und nehmen, führen und folgen, herrschen und dienen, aufbauen und vernichten.

Er kann ganz seinem Körper und seiner Erdennatur folgen oder seinem Geist in Gottverbundenheit. Unsere Gegenwart kennt eine starke Überbetonung des Irdisch-Materiellen, weil die herrschende Wissenschaft nichts anderes anerkennt. Gleichzeitig gibt es bereits den Gegenpol einer neuen Physik und Biologie, wo in der Quantenphysik die Existenz nicht-sinnlicher Wirklichkeit zu Tage gefördert wird.

Der Mensch kann sich als höheres Tier, als Zufallsprodukt der Evolution, als (vorläufiger) Sieger im Daseinskampf verstehen – er kann aber auch immer wieder fragen und zweifeln.

Ein richtiger Wendepunkt für den Menschen bedeutet die Tatsache, dass er sich immer zwischen Polaritäten findet: zwischen Schlafen und Wachen, zwischen Ein- und Ausatmen, Denken und Handeln, Geist und Körper, Gut und Böse. Er soll offenbar lernen, diese Polaritäten zu übersteigen und zu umfassen. In seinem Herzen wendet sich das Blut um, das warm durch den ganzen Körper strömt und die Seele trägt.

Interessant sind die zahlreichen dokumentierten Persönlichkeitsveränderungen nach Herztransplantationen. Dabei wurde oft eine Übernahme

von Eigenschaften des Spenders festgestellt. Dr. Paul Pearsall, Direktor eines klinischen Forschungszentrums, schrieb deshalb das Buch *The Heart's Code – Tapping the Wisdom and Power of Our Heart Energy.* Aufgrund seiner Forschungen meint er unter anderem: „Das Herz ist die wichtigste Organisationskraft des Körpers. Es hält uns zusammen. Es bildet die Gestalt, die wir ‚ich' nennen und ist Katalysator von dem Geiste, den wir als ‚wir' erfahren... Das Herz ist vor allem auch Träger der Erinnerung, denn Patienten mit einem Spenderherzen beschreiben oft die Erlebnisse eben dieses Spenders, die sie wie aus dem Herzen heraus hören."

Das Sich-Begegnen, Ur-Teilen und Umwenden als Ur-Erfahrung des Ich hat sein Ur-Vor-Bild im Leben zwischen den Erdenleben. In der altägyptischen Kultur, rund 2000 Jahre vor Christus, wurde es dargestellt in der Szene des Wiegens des Herzens: Anubis und Thot nehmen das Herz des verstorbenen Menschen und legen es auf die eine Schale einer Waage. **(Bild 5)** Die Feder der Maat – der Wahrheit – liegt auf der anderen Schale. Hier liegen das Urteil und der Wendepunkt. Heute, 2000 Jahre nach Christus, erleben wir dieses Wägen bewusst im Erdenleib, indem wir uns selbst in dem Umkehrpunkt finden. Eine Frage aus einem derartigen Erlebnis heraus kann zum Ausgangspunkt für die Reinkarnationstherapie werden.

Indem wir als unser Ich dann nicht nur das jetzige Ich erfahren, sondern auch dasjenige Ich, das wir im Mittelalter oder im alten Ägypten und in mehreren anderen Leben waren, als Männer und Frauen, als Kinder, als tapfere und feige, faule und fleißige Menschen, lernen wir ganz selbstverständlich von einem anderen Ich zu sprechen. Wenn wir dann „ich" sagen, meinen wir ganz selbstverständlich jenes Ich, das umfassend und immer im Werden begriffen ist.

Therapien

In der Zeit seit Ende des 2. Weltkrieges sind viele Therapierichtungen entstanden, die zu einer Transformation des Menschen führen. Einige davon knüpfen an die Psychoanalyse an, andere sind ganz eigenständig entwickelt worden, und ich möchte hier nur einige wenige davon erwähnen: Leuner (Katathymes Bild-Erleben) Assagioli (Psychosynthese), Rogers (Klientenzentrierte Therapie) und Erickson (Hypnotherapie). Wesentliche Beiträge lieferten auch Richard Bandler und John Grinder mit ihrem Ansatz des *Neurolinguistischen Programmierens.* Sie alle sind hervorragende Analysten des sprechenden Menschen, weisen genau darauf hin, wo Knoten verborgen sind und wo die Sprache verwirrt und unklar wird.

Die Sprache wird immer zum Schleier, wenn Seele, Körper und Geist in ihr nicht zusammenpassen. Viele Menschen spüren dann auch gerade hier, im Sprechen, diesem sensiblen Gebiet der Seele zwischen Körper und Geist, dass etwas nicht stimmt. Da kommt zum Beispiel jemand zur Therapie mit dem Erlebnis: „Ich kann mich nicht äußern in einer Gruppe; mein Verstand will etwas mitteilen, ich möchte das aussprechen, aber die Worte stocken mir, sie klingen gar nicht…" Da gibt es dann oft eine Erfahrung aus einem vorigen Leben, wo man vor einer Gruppe gestanden hat (einem Gericht der Inquisition, den Wachleuten eines KZ, den Oberen einer Dorfgemeinschaft), die einen einstmals ums Leben brachten. Und diese Erinnerung ist auf einmal – allerdings unterbewusst – anwesend, wenn man aus der eigenen Seele heraus sich nun wiederum einer Gruppe zeigen möchte – damals hatte danach eben alles aufgehört…

Verkörperung

Unser alltägliches Ich identifizieren wir mit unserem Körper, unseren seelischen Eigenschaften und unserer Biographie. In unseren höchsten Idealen und Sehnsüchten spüren wir aber auch das Urbild dieses irdischen Ichs – das eigentliche Selbst, das höhere Ich in der geistigen Welt. So wie die Sonne den Mittelpunkt des Planetensystems bildet, ist dieses Ich die Mitte unserer Seele. Die Seele lebt in der geistigen und seelischen Welt, kann sich aber auch mit dichteren Stufen verbinden: sie wechselt rein seelisch-geistige Zustände mit irdischen Verkörperungen ab. Ein Teil der Seele taucht ganz in den Körper ein und das geistige Ich projiziert sich im physischen Leib, wo wir es als unsere jetzige Persönlichkeit kennen. Nach dem Sterben werden die Erfahrungen dieses persönlich verkörperten Seelenteils vom irdischen Ich Teil der umfassenden Seele. Vom höheren Ich integriert und verarbeitet bilden sich Fähigkeiten und Anlagen für künftige Leben heraus.

Die Seele ist dabei einer Wolke vergleichbar – ihre „Substanz" ist dehnbar und offen und kann sich mehr oder weniger tief inkarnieren, und sie tut das in den verschiedensten Zeitaltern und den verschiedensten Gegenden der Erde. Nach dem Sterben können aber nicht alle Erfahrungen zu Fähigkeiten und Talenten umgewandelt werden; es entsteht Karma, und in der umfassenden Seele bleiben unverdaute Erlebnisse z.B. von traumatischen Ereignissen, Schuld und gewaltsamem Sterben zurück. Die aktuelle Verkörperung trägt dann einen Teil von solchem angehäuften Karma und stößt darauf in Form von Krankheiten, Unfähigkeiten, unbegründeter Wut, Leiden und so weiter.

Ein Blick auf das Goetheanum

Geist in der Seele und im Körper zu einer harmonischen Einheit gebracht, das ist der ideale Mensch. Ein Bild davon haben immer schon die Tempel vor die Menschen hingestellt. In jeder Religion hat man eigene Formen gefunden, ein Bild des Menschen-Ideals zu zeigen. Architektonisch sind die Glieder des Menschen (zusammen mit seinem Stoffwechsel und der Fortpflanzung – also dem Bereich, wo er etwas tun will, dem Bereich des Körperlichen im engeren Sinne oder auch dem Bereich der Moralität) dem Gebiet der Treppen, Aufgänge und Vorhöfe zugeordnet. Der Innenraum dagegen gehört zur Seele, wo sich die Gläubigen zu Gebet und Gesang versammeln. Der heilige Raum des Altars schließlich ist die Region des Geistes. Die Verbindung des Menschen auf der Erde mit seinen Idealen und seiner geistig-seelischen Heimat wurde hier, im Tempel, immer wieder bekräftigt.

Als neue Art vom Tempel stellte Rudolf Steiner zu Beginn des 20. Jahrhunderts den Bau des Goetheanums vor die Welt, errichtet in Dornach bei Basel. Das erste Goetheanum war ganz aus Holz gebaut und durch Brand vernichtet worden, aber seine Gedankenform existiert geistig weiter. Am Westeingang oberhalb der Treppe – ähnlich wie dies auch heute im zweiten, aus Beton gebauten Goetheanum der Fall ist – befand sich ein großes, rotes Glasfenster mit der Darstellung eines riesigen, schauenden Antlitzes. Sein Blick war äußerst bewusst und konzentriert, und sowohl das „dritte Auge" als auch das Kehlkopf- und Herz-Chakra waren bei ihm hervorgehoben. Ein sehr bewusstes Denken in voller Konzentration verbunden mit einem Wollen in leuchtendem Rot, (Wille im Denken).

Der Seelenraum der Mitte hatte im Goetheanum, entsprechend den Rippen in einem menschlichen Körper, eine Säulenreihe und farbig gestaltete Fenster im Norden und Süden, die ein „Gespräch" führten. Die leuchtenden Farben grün, blau, violett und rosa strahlten die Gefühlsstimmung aus – die eingeschliffenen Vorstellungen gaben die Bedeutungen dazu (Denken im Fühlen) Dann hinter der Bühne, die Moralität: Fühlen im Wollen.

Dem Altarraum der alten Tempel entsprach im Goetheanum die Bühne, in deren hinteren Bereich die Aufstellung einer großen Holzfigur geplant war, an der Steiner damals arbeitete. Sie wurde bei dem Brand, da sie noch außerhalb des Gebäudes in einem Atelier stand, nicht beschädigt und ist heute noch zu sehen. Sie zeigt einen Menschen, der sich in völliger Tätigkeit befindet und bei dem besonders die Gliedmaßen betont sind. Die Beine schreiten, Arme und Hände zeigen ausdrucksstarke Gebärden, sogar das Antlitz ist in voller Bewegung. Hier ist die Moralität als Wollen ganz ins Geistgebiet des Denkens eingezogen: die geistige Orientierung muss *gewollt* werden. – Bei der Öffnung der Saaltüren im Westen wäre es sogar möglich gewesen, das gegenseitige Sich-Anblicken des großen, schauenden Antlitzes (im westlichen Fenster) und dieser schreitenden Gestalt zu erleben. Und in dieser Richtung kann man auch in den Abgrund schauen, der sich links und rechts vom Antlitz dargestellt befindet. Damit ist die Art der neuen Orientierung, die selbständig gewollte Harmonie, in diesem Bau sichtbar geworden. Diese neue, vom Ich gewollte Harmonie ist es, die auch die Patienten suchen.

Wasser zeigt uns auf seine Art die Stufen des Werdens: Stein, Pflanze und Tier als Stufen sind hier Eis, Wasser und Wolken. Es ist die Wärme beziehungsweise Kälte, die es wandelt. Ein Mensch, der sich weiterentwickeln will, denkt, meditiert und übt. Er muss dazu innehalten und umwenden. Sich umwenden wie das Blut im Herzen und dabei sein Gewordenes: sein Eis, seine Wolken und sein Wasser durchdringen. Aus der Auflösung und Umwandlung des Gewordenen bildet er sich seine Zukunft. Die folgenden, abschließenden Fallbeispiele zeigen die Arbeit an den Stufen von Körper, Seele und Geist, an Wollen, Fühlen und Denken.

Körper und Orientierung – Fühlen im Wollen

Der Patient erlebt permanent und latent die existenzielle Aussage in sich: „Ich weiß nicht wohin; ich kann nirgendwo hin." Ganz konzentriert aus den jetzigen karmischen Umständen heraus führen diese Worte die Seele in eine mittelalterliche Verkörperung zurück. Zuerst lebt sie als kleines Mädchen mit ihrer Mutter in einer kleinen Stadt. Die Mutter arbeitet mit Kräutern – und wird eines Tages angeklagt, verhaftet, dann zwar wieder freigelassen, aber von vielen Bewohnern beschimpft und verspottet. Sie darf nicht in der Stadt bleiben und zieht mit der Tochter in den Wald. Mehrere Jahre leben beide da, wobei Menschen die Frau besuchen und weiterhin ihre Salben von ihr bekommen. Das Mädchen hilft ihrer Mutter ein wenig, geht gern allein in den Wald an einen Platz, wo es Rehe gibt. Dann wird auf einmal die Mutter abgeholt und wieder angeklagt. Das Mädchen wurde nicht mitgenommen, hat aber nun Angst, allein in der Hütte zurückzubleiben. Nach einiger Zeit schleicht sie sich in die Stadt, um etwas über das Schicksal ihrer Mutter zu erfahren. Das ist gefährlich, aber es gelingt ihr herauszufinden, dass die Mutter tatsächlich wieder verhaftet wurde. Gerade als sie wieder in den Wald zurück will, bietet ihr ein junger Mann Unterschlupf an. Sein Interesse ist etwas ganz Neues für sie; sie wird unversehens schwanger. Dabei ist es immer noch gefährlich, als Tochter einer Hexe erkannt zu werden, und deshalb kann sie sich nur versteckt halten und schweigen. Diese Art von Gefangenschaft ist fast so, als wäre sie selbst verhaftet worden. Deshalb macht sie sich bald davon, zurück in den Wald. Dort erlebt sie sich frei und es entsteht ein besonderes Verhältnis zu den Rehen. Sie entdeckt nämlich, dass die Tiere es mögen, wenn sie leise Kinderlieder summt. Nur gegen Ende der Schwangerschaft kann sie diese Stelle nicht mehr besuchen, hofft aber, das nach der Entbindung bald wieder tun zu können. Sie ist noch sehr jung und bleibt weiter im Wald – sie weiß ja auch nicht, wohin sie sonst gehen sollte – aber es geht ihr nicht gut. Nach tagelang andauernden, heftigen und vergeblichen Wehen sterben sie und ihr Kind. Sie spürt den eigenen Tod kaum und ihre Seele schwebt fort zu dem Lager der Rehe im Wald, wo sie wieder versucht, die Lieder zu summen, aber das gelingt ihr nicht mehr, und die Tiere reagieren auch nicht. Sie spürt eine noch tiefere Einsamkeit, eine noch tiefere Frage: „wohin?“ …

Und dann findet sich diese Seele am Beginn ihrer Verkörperungen: sie hat nur einen Lichtkörper, und gehört zu einer Gruppe von Seelen, einer Gruppe, die einen Kreis um ein Zentrum herum bildet, wobei diese Mitte die sie umgebenden Lichtwesen ernährt. Es handelt sich hier um eine Schilderung aus der (im Sinne der Steiner'schen Periodisierung) lemurischen oder frühen atlantischen Kultur. Diese Lichtwesen sammeln sich mal im Kreis um diese Mitte, mal gehen sie ihre eigenen Wege und haben auch bereits gewisse „Aufgaben“. Beispielsweise haben sie lange die Aufgabe gehabt, Steine, also Hartes, Festgewordenes, Schweres, „hinunterzuwerfen“. Dies geschah jeweils zu zweit, aber nicht wirklich getrennt voneinander. Dann ging es einen Schritt mehr zu einer Verselbständigung, bei der man zunächst eine ganz eigene Farbe bekam. Jetzt erschien die nährende und führende Mitte wie ein helles, gelbliches Leuchten und der Kreis bekam viele Farbtöne. Die betreffende Seele wurde bei der Trennung grünlich und hatte etwas weniger Energie als die andere, zu ihr gehörige Hälfte, die rot wurde und ihr im Kreis nun gegenüber „saß“. Das Nähren und Führen bestand darin, dass man Kraft, Wärme und Energie sowie „Botschaften“ aus der Mitte erhielt. Man kommunizierte in einer Art Gedankenübertragung sowohl mit dem Zentrum als auch innerhalb des Kreises. Einmal kommt aus der Mitte die Botschaft, dass die Zeit des „Fliegen-Könnens“ vorbei sei. Die Seele versteht: wir werden uns verwandeln müssen und dichter werden. Die Gruppe umfasst etwa zehn Seelen, und die grünliche will sich dem Auftrag fügen. Die rote Seele aber meint: „Wir wollen fliegen“. Dadurch, dass nun eine gewisse Entfernung von der Mitte eintritt, beginnt man zu experimentieren, und die Seelengruppe entdeckt, auch weiterhin fliegen zu können, wenn sie dazu Energie „von unten“ aufnimmt: „unten“ befindet sich eine Art Meer, an dessen Küste sich kristallartige Strukturen, wie Steine, befinden. Diese kann man zu bestimmten Zeiten leicht sammeln – sie haben offenbar keine Seele – und in einer Art „Fabrik“ werden sie dazu eingesetzt zu schwingen, wodurch die Energie freigesetzt wird, mit deren Hilfe die Seelengruppe weiterhin fliegen kann. Auch die grüne Seele beteiligt sich daran, aber sie leidet unter der Entfernung von der Mitte und verzichtet schließlich auf das Fliegen, bleibt aber bei der Gruppe und ist weiter beim Sammeln der Steine behilflich, fixiert sie und raunt ihnen zu, dass es ihre Aufgabe sei, zu schwingen. Dann aber entdeckt sie allmählich, dass die schwingenden Körper gar keine seelenlosen Steine sind, sondern ihresgleichen, dass sie nur bereits etwas früher „heruntergestiegen“ sind und die Fähigkeit zu fliegen verloren haben. Nun fühlt die Seele tiefe Einsamkeit – und Schuld – und weiß nicht, wohin.

Hier beginnen dann in der Sitzung das Verarbeiten des Geschehenen und die Heilung. Dabei stellt sich die Seele sowohl ihren Kreisgenossen als auch der nährenden Mitte; sie spürt nach, genau bis zu dem Moment des „Fallens“ hin (dem Verlieren der Orientierung). Es gibt immer mehrere solcher Momente und es ist wichtig, die Wurzel zu finden. Da entdeckt die Seele, dass bereits ihre allererste eigene Antwort auf die Mitteilung des Zentrums, dass das Fliegen vorbei sei, nicht richtig war. Sie hatte, als eine grüne Seele, nicht annehmen können und nicht verstehen wollen, dass ein größeres „Allein-sein“ zum Schwer-Werden und Nicht-Fliegen-Können dazugehört. Sie hatte sich nur fügen wollen und zu wenig Energie in ihre eigene Antwort gelegt. Ihre Antwort hatte gelautet: „wir sollen uns fügen, es ist Zeit“ – aber diese Botschaft war unverwandelt zurückgekommen, die Gruppe hatte es einfach nicht ernst genommen. Als Lichtpunkte, die alles vermochten, spielten und flogen sie weiter und entdeckten dabei eben, dass man die „Steine“ zum weiteren Fliegen gut benutzen konnte. Jetzt aber, in der Therapie, entdeckt die Seele, dass sie eigentlich hatte sagen wollen – ganz aus ihrem Grün-Sein heraus –: „Hört mir zu, denn ich habe gut gehört“. Sie hätte sich dann nicht innerlich von der Mitte entfernt, sondern ein „Lichtpaket“ aus der Mitte empfangen, das ihr soviel Kraft gegeben hätte, dass die anderen Seelen tatsächlich hingehört hätten, statt der roten Seele zu folgen. In der Sitzung wird nun die Verbindung zur Mitte geheilt, dann die zur Gruppe, dann wendet sie sich zu den Opfern. Sie erzählt ihnen, wie es dazu gekommen war, wie sie Unrecht getan habe und sie dankt denjenigen, die ihr zeigten, dass sie in Wirklichkeit Seelen waren. Zu ihrem Erstaunen verstehen die Opfer und verzeihen ihr. Und nun wird die Verbindung aufgedeckt mit dem Mädchen, das in den Wehen gestorben war und das sich beim Summen für die Tiere an Ur-Ur-Altes erinnert hatte. Diese Seele, aus dem Weiterschreiten des jetzigen Lebens heraus, weiß jetzt endlich „wohin"…

Seele und Gemeinschaft – Denken im Fühlen

Das zweite Beispiel betrifft einen Menschen, bei dem sich „sein" Problem im Bereich des Gefühls zeigte, und zwar in Gestalt der Stimmung: „Ich fühle mich ausgeschlossen und allein". Das Beispiel zeigt zugleich, wie intensiv Mensch und Gemeinschaft miteinander zu tun haben, ähnlich wie wir beim Sprechen-Lernen ja auch vollkommen abhängig von unserer Umgebung sind. Es ist auch ein Beispiel dafür, wie ein ungeborenes Kind alles mitbekommt, was der Mutter widerfährt, ohne dabei einen Unterschied zwischen sich und der Mutter machen zu können. In der Unterstützung der Therapie jedoch gelingt dann diese Unterscheidung.

Eine Person beteiligt sich in ihrem jetzigen Leben an irgendeinem Gruppenereignis; mit dem Verstand betrachtet ist alles in Ordnung, aber das Gefühl scheint nicht dazu zu passen, denn es signalisiert ein unausweichliches: „Ich bin ausgeschlossen. Ich fühle mich sehr allein." Ich lasse nun diese Person sich ganz auf dieses Gefühl und die Worte konzentrieren, bis es zu einer bildhaften Verdichtung kommt: „Ich sehe eine Frau mit einem Bündel auf dem Arm … dieses Bündel bin ich … ein kleines Kind … die Frau, die es trägt, fühlt sich ausgeschlossen, ganz allein." Als sie noch dazu gehörte und an einem Hof lebte, war diese Frau dort als Magd tätig. Sie stellte die Teller auf die langen Tische des Esssaales. Der Hof gehörte zu einem Kloster und an die Tische setzten sich die Männer mit ihren braunen Umhängen und Kapuzen. In der Küche arbeiteten vier oder fünf Frauen, eine davon wird nun ausgeschlossen, weil sie ein Kind erwartete. Zu diesem Kind war sie aber ganz ungewollt gekommen: „Sie war müde, war in ihrer kleinen Kammer und wollte schlafen, da kam jemand zu Besuch … sie wollte eigentlich schlafen, aber dann ließ sie es geschehen … er gehörte zum Kloster."

Die Frau war schon mit knapp 14 Jahren von ihrem Vater ins Kloster gebracht worden, und sie war gerne gefolgt. Sie machte ihre Arbeit gut und willig: im Garten, in Küche und Esssaal. Die Frauen wohnen in einem eigenen Haus außerhalb des Klosters, sie hatte dort ein Zimmer unterm Dach. Den Männern ist es verboten, in dieses Haus zu gehen. Aber gerade dieser Mann, der vorn am Tisch sitzt und so viel bestimmen kann, geht als einziger durch das kleine Tor. Gerade dieser Mann verfügt über alle Schlüssel und trägt sie auch immer bei sich. So gelangt er in ihre kleine Kammer, legt die Schlüssel auf den kleinen Holztisch und zwingt das Mädchen, mit ihm zu schlafen. Sie hat Angst, diesem mächtigen Mann etwas zu verweigern. Als sie dann entdeckt, dass sie schwanger ist, versteckt sie dies. Die ältere mit ihr im Haus lebende Frau sagt, als sie es bemerkt, dass es nun zu spät sei, um es wegzumachen. Es sei besser, die Angelegenheit zu verstecken, bis das Kind da sei, dann wolle man weiter sehen. Die Hausälteste meint, dass es besser sei, wenn sie nicht mehr im Esssaal bei den Mönchen arbeite, und gibt ihr im Frauenhaus zu tun.

Der Mann kommt dann wieder an ihr Bett, fasst ihren Bauch an, schaut dann nur komisch – das gefällt ihm nicht – er blickt sie nur abfällig an und kommt nicht mehr zu ihr.

Man sagt dem Mädchen nun, dass es besser für die Männer sei, wenn sie jetzt verschwinde. An dieser Stelle in der Therapie muss sie heftig weinen: sie hat doch so gut gearbeitet, so mit ganzer Seele versucht, die langen Tische immer schön zu decken. „ich möchte der Frau helfen, ich will kommen und bei ihr sein“, meldet sich da das Ungeborene. Bei der Geburt helfen die Hausälteste und eine weitere Frau und es geht gut: sie hat einen Sohn geboren, den sie lieben möchte, aber sie weiß nun nicht wohin. Man lässt sie noch den Sommer über im Frauenhaus bleiben und mitarbeiten. Im Herbst aber sagt die Älteste, dass sie nun gehen müsse, weil sie die Gemeinschaft so störe. (Eigentlich war es ja der Mann gewesen, der gegen die Gesetze der Gemeinschaft verstoßen hatte, er aber bleibt und bestimmt weiter über andere. Damals sah sie das nicht – dies war erst Ergebnis der Therapie.)

Mit ihrem Bündel und ein wenig Geld geht nun die junge Frau in ein weiter entfernt gelegenes Dorf und findet dort eine Stelle in einem Gasthaus. Auch hier bedient sie und deckt die Tische. Das Kind sitzt dabei, spielt und hilft ein wenig. „Ich werde nicht alt. Mit acht oder neun Jahren werde ich krank, die Mutter kommt immer wieder an mein Bett. Sie liebt mich und ist traurig, sie gibt mir zu trinken und spürt, dass ich sterben werde. Ich versuche, mich zu verabschieden … ich nehme ihre Hand, streichle ihren Kopf, tröste sie und sage, dass ich mich freue zu sterben.“ Die Mutter liebkost das Kind und sagt, dass es ihr Leid tue, dass sie das Kind nicht so viel lieben konnte, wie sie eigentlich wollte … „Plötzlich ist jemand da, der mich anlacht, wie ein Freund… wir kennen uns … er hat gewartet und will mich begleiten … er hilft mir, meinen Körper zu verlassen…“ Hier setzt nun das eigentlich therapeutische Verarbeiten ein, und dabei wird der geistige „Freund“ mit einbezogen. Etwas hält die Seele aber fest, und zwar im Bereich des Solarplexus – es ist Schuld. Die Seele entdeckt, dass sie ein Schuldgefühl im Bauch trägt, eine Schuld mehreren Menschen gegenüber, aber: „Ich kenne sie gar nicht“. Sie entdeckt, dass es sich um die Männer des Klosters handelt, die sie aber doch nie wirklich gesehen hat. Sie entdeckt, dass im gleichen Moment, wo der Mann den Bauch der Schwangeren betastet und verächtlich auf diesen Bauch geschaut hatte (und damit gleichzeitig auf den Bauch des Kindes!) das Schuldgefühl hineinkam. Der geistige Freund gibt ihr nun einen Kuss auf den Bauch, will, dass sie ihrem damaligen Vater verzeiht, sie will aber auch diesem Vater die zu ihm gehörige Schuld zurückgeben. Dann wird in der Therapiearbeit der Vater gesucht: er hat die Schlüssel nicht mehr, er lebt zwar noch, aber er ist krank. „Du hast ein Kind gezeugt und dann die Frau mitsamt dem Kind aus der Gemeinschaft verstoßen. Das ist deine Schuld.“ Der Vater kann das aber noch nicht einsehen und annehmen – und die Seele des Kindes wiederum kann nun diesen Vater nicht loslassen (!). Deshalb warten wir und gehen zu dem Punkt, wo der Vater stirbt. Da bittet die Vater-Seele um Hilfe: er kann nicht richtig sterben. Deshalb hilft nun die (Kind-) Seele: „Erinnere dich an deine Begierden: du hattest von allen Kammern die Schlüssel – und was hast du mit dem Geist der Gemeinschaft gemacht? Hast du nicht nur nehmen wollen? Du hast meine Mutter verachtet, dabei war sie ein guter Geist für die Gemeinschaft. Sie hat mit Liebe gearbeitet – du bist es, der die Gemeinschaft und ihren Geist nicht gewürdigt hat.“ Der Mann will das nicht hören, und deshalb zeigt das Kind ihm jetzt den Moment, wo er das schwangere Mädchen so herablassend anschaut – und hält ihm genau in diesem Moment einen Spiegel hin. Daraufhin wird der Mann plötzlich zu einem Häuflein Elend: obwohl er Angst hat, alleine zu sterben, muss er jetzt allein in den Tod gehen…

In der geistigen Welt finden die Seelen einander wieder, und zwar in folgender Art: „Es ist kein Ort, sondern ein Zustand … keine Gefühle … aber doch … warm, rund … Gemeinschaft. Ich spüre, dass ich dazugehöre … und Mutter auch … und Vater … ohne Schlüssel … einfach ein Aufeinanderzubewegen und Spüren des eigenen und des anderen Raums. Es sind warme, weite Räume – und auch ganz kleine. Mein Raum ist ein mittlerer, Vaters ist ein kleiner, der von Mutter ist groß … ich habe meinen eigenen Raum und gehöre doch ganz dazu, zur Gemeinschaft…“

In meinen Abgrund schauen – das Denken wollen

Als letztes Beispiel etwas Zukunftsgerichtetes, ein Patient, der mit dem Erlebnis kam: „Es gibt jemanden, dem ich nur Liebes tun will, und dann, plötzlich, wie aus meinem Bauch heraus gesteuert, habe ich etwas gesagt, was ihn nur verletzen konnte."

Was findet diese Seele, in ihrem eigenen Abgrund suchend? Sie findet sich Jahrhunderte zurück in einer Zeit, wo es noch keine Autos gab und Pferde zu etwas sehr Wichtigem im Alltag gehörten. Zuerst erlebt sich der Patient wie in einer schlechten Situation: alt, dumm, eng in der Brust – und schon jahrelang angekettet. Wie ist er in diese schlimme Lage geraten? Es war wegen der Pferde… Und allmählich entfaltet sich eine Lebensgeschichte. Als Kind war er kräftig, und seine Patentante war stolz auf ihn. Als junger Mann konnte er so gut arbeiten wie die anderen. Vor allem mit Pferden kannte er sich aus; er hatte den Ruf, sie zähmen zu können. Trotzdem war ihm manchmal, als wenn ihm etwas fehlte. So hatte er einmal als Fuhrmann in der Stadt zu tun, wobei er einem Priester und einem Adeligen begegnete – und dabei empfand, dass diese etwas hatten, was ihm fehlte. Er grübelte sehr darüber nach – war es die Bildung? – aber es schien um mehr zu gehen. Er verfügte über eine enorme körperliche Kraft, konnte aber andererseits immer nur dadurch innerlich Ruhe erleben, dass er hart arbeitete. Das war es, was er an den beiden Herren erlebt hatte – bei ihnen spürte er, dass von ihnen Ruhe ausging, auch ohne dass sie arbeiteten. Seine eigene Unruhe, die er nur durch Arbeit dämpfen konnte, hatte eigentlich auch etwas von Wut, von Hunger. Er ist böse, aber weiß nicht recht, auf wen eigentlich. Nur wenn er arbeitet, fühlt er sich wohl, vor allem bei den Pferden. Dann geschieht etwas in seinem Umkreis, es sterben Menschen, es sterben auch Pferde, und es scheint, dass mit dem Brunnenwasser etwas nicht in Ordnung ist. Der Brunnen gehörte dem Adeligen, dem er begegnet war. Nun meint der Fuhrmann, dass den Adeligen eine große Schuld trifft, er regt sich auf, wird wütend, und in seiner Wut schlägt er dem Pferd des Adeligen den Kopf ab und spuckt dem Adeligen ins Gesicht. Im ersten Moment empfindet er Stolz auf seine Kraft – zur Strafe aber wird er im Kerker angekettet, wie ein Hund, so kurz, dass er nur am Boden liegen und sitzen, nicht stehen kann. Er bedauert seine Tat um nichts, nur Traurigkeit überkommt ihn, weil er eine Tochter hat, die nun verheiratet wird – sonst ist ihm alles gleichgültig. Allmählich wird sein so kräftiger Körper immer schwächer und er bekommt einen Husten. Dann sieht er seinen schlaffen Körper liegen, fühlt sich aber in voller Kraft dabei. Dann schaut er seinen Körper an – ach, wie tut ihm dieser Körper leid! Wie schwach und jämmerlich er jetzt ist! Dann aber fühlt er wieder seine riesige Kraft, auch seinen Stolz, und er wird wütend, und zwar auf diesen Adeligen, der seinen Körper da hatte anketten lassen – und auf einmal ist er bei diesem Adeligen, dieser hat seinen Mund offen und – schon ist er darinnen verschwunden; dann ist er schon in dessen Herz und spürt, wie steif dieser Mann eigentlich ist, er macht sich in ihm breit, nimmt sich immer mehr Raum, genießt es, jetzt wieder eine aufrechte Gestalt zu haben. (Als ich während der Therapiesitzung frage, wo jetzt die Seele des Adeligen sei, dem doch eigentlich dieser Körper gehört, muss er nachspüren – und feststellen, dass der Alte sich in seinem Kopf – nur in seinem Kopf – ganz klein gemacht hat; da ist er noch ein bisschen anwesend). Nach einiger Zeit spürt er aber, dass es ihm doch jetzt keinen Spaß macht – es wird eng – es ist ihm, als müsse er auseinanderplatzen. Irgendwann ist er nur noch in den Händen, und recht unangenehm wird es, als dieser Mensch stirbt und er nun nicht mehr weiß, wohin. Es scheint ihm, als könne er jetzt nur noch das Fleisch dieses Menschen fressen, und diese Vorstellung ekelt ihn an. Dann aber entdeckt er doch noch die Seele dieses Mannes, etwas Kleines, Leuchtendes, wie geballtes Licht, wie Kristallgold, strahlend in sich selbst – und das war es, was er nicht hatte! Hier kann nun in der Sitzung die Heilung beginnen, wobei es gar nicht leicht für die Seele zu entdecken ist, wo es eigentlich schief ging. Als seine Mutter mit ihm schwanger gewesen war, hatte sie erfahren, dass sein Vater nie von einer angetretenen Reise zurückkehren würde. Da zog ein sich Teil der Seele des noch ungeborenen Kindes (sein „Licht") zurück. Mutter und Kind hatten aber gesunde, kräftige Körper, und er wurde trotzdem geboren. Er bewunderte die Mutter: sie war stark und stolz, sie brauchte gar keinen schlappen Mann und kam sehr gut alleine zurecht. Dann aber verlor sie einige weitere nahe Verwandte, wurde krank und starb. Da rutschte das Licht des Kindes ganz heraus – und er war nur noch Kraft. Jetzt erlebt die Seele noch einmal das damalige Schicksal, bleibt dabei, erlebt und verarbeitet es. Indem nun aber sein Licht bei ihm bleibt, zeigt sich die Mutter gar nicht mehr als so felsenfest und stark und stolz – sie weint, als ihr Mann nicht mehr zurückkehrt. Jetzt lernt die Seele, ihr damaliges Schicksal noch einmal zu erfahren, aber anders. Er verbindet jetzt sein „Licht" mit seiner Kraft und wird nun ein anderes Kind: stark, aber verletzlich, schlank, und dabei vorsichtig. Er empfindet jetzt auch die Seele der verstorbenen Mutter und erlebt die damalige Patentante nun als „zu hart". Er entdeckt sogar, dass der Adelige damals schon alt war und für die Geschichte mit dem Brunnen gar nicht mehr verantwortlich gemacht werden konnte. Außerdem war man damals erst nachdem einige Pferde und auch Menschen gestorben waren darauf gekommen, dass mit dem Brunnen etwas nicht stimmen könnte. Er entdeckte sogar, dass dieser alte Adelige damals vielleicht der einzige Mensch war, der ihn wirklich hatte sehen können... Nun, wo er sein eigenes Licht in seinem eigenen Kopf hat, sieht er auch sich selbst, wie er war; er versorgt, immer noch im seelischen Reich weilend, den schwachen, toten Körper, befreit ihn aus den Ketten und bestattet ihn in der Natur. Zuletzt kann er ganz aus seinem Abgrund heraufsteigen und ins Licht gehen.

Ich habe auch Sitzungen von Seelen erlebt, die sich in einem vorherigen Leben bewusst geopfert haben – für ein Ideal oder um etwas Bösem vorzubeugen. Wo in diesen Fällen auch andere Menschen in Mitleidenschaft gerieten, hat dies gerade diese Seelen schwer belastet – es scheint fast so, als wenn ihr beispielhaftes Vorangehen und die Beschleunigung ihrer Entwicklungsschritte auf der anderen Seite wieder eine gewisse Schwere verlangten. Solche Seelen, die schon viel mehr aus ihrem umfassenden Selbst als aus ihrem im Hier und Jetzt gebundenen Persönlichen heraus leben –: es gibt sie, im Hier und Jetzt. *Wir* sind werdende Wesen.

Unser gegenwärtiges Zeitalter gilt in der Esoterik als geführt durch den Erzengel Michael. Dieser steht bekanntlich zwischen den Sternbildern von Waage und Skorpion. Man verehrte ihn in der christlichen Vorstellungswelt in vielen Kirchen und Klöstern. Bildlich wurde er zumeist mit Waage und Schwert dargestellt. Das Schwert hilft ihm, den Drachen unter seinen Füßen zu halten. – In unserer Zeit gilt es mit Hilfe des geschärften Denkens das persönliche Ich – den Drachen – aber auch die krokodilartigen Überlebensinstinkte „unten" zu halten, damit in Höhe des Herzens auf der Erde mit vollem Bewusstsein die Waage gehalten werden kann. Michael kann das aber nur, indem er vollbewusst sein Gegenüber anschaut: Raphael, der in Liebe diese Drachenschlange nach oben schwingen lässt, bis sie Flügel bekommt.

Das Karma-Gepäck wurde mit der Zeit so schwer, dass die Verkörperungen öfter aufeinander folgten, ohne dass zuvor im Kamaloka das Schicksal des vorigen Lebens richtig verarbeitet werden konnte. Jetzt *können* wir nicht nur *auf der Erde Kamaloka-Arbeit* verrichten, sondern es ist an der Zeit dazu. Die Reinkarnationstherapie und das bewusste Arbeiten an unserer karmischen Zukunft *ist* unsere bewusste, freie Menschwerdung: wir werden *Mensch.*

Glossar

Atlantis:
aus vielen Sagen und Überlieferungen bekannter Ur-Kontinent, der durch eine Flutkatastrophe untergegangen sein soll; laut Steiner Wiege aller menschlichen Kultur (Geheimwissenschaft im Umriss, 1909). Die Möglichkeit, den untergegangenen Kontinent auch geowissenschaftlich zu lokalisieren, ist umstritten.

Ätherkörper:
übersinnlicher, die Lebensfunktionen des menschlichen Körpers organisierender Zusammenhang, auch „Ätherleib"

Chakren:
aus der orientalischen Weisheit bekannte, übersinnliche Empfindungs- und Wahrnehmungsorgane des Menschen, differenziert nach Körperregionen

Emotionaler Körper:
ein den physischen Leib durchdringendes und umgebendes Gebilde aus den realen Gefühlskräften des Menschen, auch „Astralleib" genannt.

Kamaloka:
Läuterungszustand der Geistseele nach dem Tode, im abendländischen Mittelalter auch als „Fegefeuer" bekannt

Mentaler Körper:
gegenüber dem physischen Körper selbständiges Gebilde aus den realen Vorstellungen und Gedanken des Menschen

Mysteriendramen:
an die Tradition der antiken und mittelalterlichen „Mysterienspiele" anknüpfende Bühnenwerke Rudolf Steiners, in denen seelisch-geistige Prozesse von und zwischen Menschen dargestellt werden, die sich auf einem spirituellen Entwicklungsweg befinden. In einigen Szenen dieser insgesamt vier Dramen werden dabei auch Reinkarnationserlebnisse einzelner Figuren dargestellt, sowie Erlebnisse in rein seelischen und geistigen Welten.

Literaturhinweise

Gina Cerminara: Many Mansions

Carola Cutamo: Medialität, Besessenheit, Wahnsinn

Alexandra David-Neel: Unsterblichkeit und Wiedergeburt

De Vidal de St. Germain: Dimensies achter regressie en reincarnatie

Dion Fortune: Through the Gates of Death

Yonassan Gershom: Beyond the Ashes. Cases from Reinkarnation from the Holocaust

Paola Giovetti: Engel. Die unsichtbaren Helfer der Menschen

Joan Grant and Denys Kelsey: Many Lifetimes

B. Hisschemöller: Terugkijken

Samuel P. Huntington: Kampf der Kulturen

Holger Kalweit: Die Welt der Schamanen

Loehr: Diary after Death

Winafred B. Lucas: Regression Therapy Volume I. and II

Marcia Moore: Inner Dimensions

R.v.d. Maesen, R. Bontenbal: Handboek Reincarnatietherapie

Isolde Mehringer-Sell: Mama, glaub mir, ich habe schon einmal gelebt

R. Monroe: Far Journeys

K. Müller: Schamanismus

Morris Netherton: Past Lives Therapy

Michael Newton: Reisen der Seele

Heide Oehms: Karma Erkenntnis – warum?

Heide Oetinger: Die Aura

George Ritchie: Return from Tomorrow

Helen Roberts: Karma, the Great Teatcher

Cyrill Scott: The Boy Who Saw True

Ian Stevenson: Cases of the Reinkarnation Type

Rudolf Steiner: Vier Mysteriendramen
Ders.: Theosophie. Einführung in übersinnliche Welterkenntnis und Menschenbestimmung.
Ders.: Ein Weg zur Selbsterkenntnis / Die Schwelle der geistigen Welt
Ders.: Die Philosophie der Freiheit

Hans ten Dam: Exploring Reincarnation
Ders.: Deep Healing

Ko Vos: Artikel in Bulletin N.V.R.T., Juni 2004

Roger Woolger: Other Lives, other Selves

Dominique Viseux: Das Leben nach dem Tod in den großen Kulturen

Helen Wambach: Reliving Past Lives

KONTEXT Band 1

Anthroposophie und die Rassismus-vorwürfe

Zwischenbericht der niederländischen Untersuchungskommission «Anthroposophie und die Frage der Rassen»
Mit einer Zusammenfassung des Abschlußberichtes

348 S., € 24,– / ISBN 978-3-924391-24-9

Immer wieder wird von Kritikerseite gegen Rudolf Steiner und die Anthroposophie der Vorwurf rassistischer Elemente erhoben. In den Niederlanden gerieten dadurch die Waldorfschulen in die Schlagzeilen. 1996 beauftragte die Anthroposophische Gesellschaft der Niederlande eine Kommission unter der Leitung des in Den Haag arbeitenden Menschenrechtsexperten Ted van Baarda mit einer Untersuchung solcher Vorwürfe. Die von ihm zuammengestellte Kommission unterzog daraufhin das 89.000 Seiten umfassende Gesamtwerk Rudolf Steiners einer eingehenden Untersuchung.

Der entstandene Bericht macht nicht nur die zu Beginn des Jahrhunderts entstandene Anthroposophie im Kontext historisch paralleler Strömungen verständlich. Darüber hinaus wird das Steinersche Gesamtwerk in bezug auf Äußerungen befragt, die nach dem heutigen Stand des Rechtsbewußtseins mißverständlich, diskriminierend oder gar strafbar wären. Bezugspunkte sind dabei neben dem niederländischen Strafrecht international gültige Konventionen. Ein für die deutsche Ausgabe aufgenommener Anhang widmet sich der etwas abweichenden Rechtslage in Deutschland.

Mit dem hier vorgelegten Untersuchungsbericht stellt sich die Anthroposophie auf konstruktive Weise der Kritik und schließt sich aktiv dem Strom modernen Menschenrechtsdenkens an.

»Es muß als Verdienst der niederländischen Kommission angesehen werden, daß ihr Gutachten das Inszenieren solcher Kampagnen gegen Steiner – zu SED-Zeiten nannte man das Entlarvungen – mindestens erschweren wird.«
Dr. Wolfgang Ullmann

»Ein beeindruckendes Zeugnis selbstkritischer Analyse«
Prof. Dr. Jörn Rüsen

KONTEXT Band 2

Geist und Gehirn

Beiträge zu einem monistischen Verständnis

124 S., € 10,12 / ISBN 978-3-924391-25-6

Derzeit ist die Hirnforschung noch immer von einer monokausal materialistischen Richtung geprägt. Das Sein bestimmt das Bewußtsein, lautet die nach wie vor verbreitete und einflußreiche Devise. Die Fülle an Material über die Bedeutung der elektrochemischen Ebene für die Entstehung des Bewusstseins ist so gewaltig, daß gar keine andere Möglichkeit in Betracht zu kommen scheint als die, die Beziehung von Geist und Gehirn als ursächliche Abhängigkeit des Geistes von der Materie zu deuten. Dabei wird in der Regel wenig beachtet, welchen Widerspruch es zu einem der leitenden Grundwerte der Gegenwart, zur Idee der autonomen Individualität, bedeutet, den menschlichen Geist auf die komplexe Interaktion von Neuronen, Synapsen und Botenstoffen zu reduzieren.

Die Widersprüchlichkeit aufzuweisen die darin liegt, dass sich der menschliche Geist auf allein materielle Substrate zurückführt, bildet eines der verbindenden Grundmotive der Aufsätze dieses Bandes. Außerdem geht es darum, im Diskurs zur Relation von Geist und Gehirn das Defizit an Erfahrungswissen auszugleichen, das in dieser Debatte auf der Seite des Geistes herrscht. Können Geist und Gehirn in einem nichtreduktionistischen Modell wieder zusammengebracht werden?

Mit Beiträgen von:
Urs Pohlman: Perspektiven eines neuen Bewusstseins in den Neurowissenschaften. Zur Wirkung von Erkenntnis- und Verständnisgrenzen.
Gerhard Gutland: Das Ich und seine Wirklichkeit. Gesichtspunkte zu Ideenentwicklung im 20. Jahrhundert und deren Vorgeschichte.
Frank Meyer: Der biomechanische Mensch. Wie man wird, was man nicht ist. Überlegungen zur Mechanisierung des Geistigen.
Detlef B. Linke: Die dritte Kopernikanische Wende. Transplantationsmedizin und personale Identität.

KONTEXT Band 3

Nicanor Perlas

Die Globalisierung gestalten

Zivilgesellschaft, Kulturkraft und Dreigliederung

180 S., € 12,68 / ISBN 978-3-924391-26-3

Als Gegengewicht zur wirtschaftlichen und politischen Globalisierung unserer Tage kommt als ein dritter Faktor zunehmend der in Netzwerken organisierte Einfluss zivilgesellschaftlicher Initiativen in Betracht. Diese zivilgesellschaftlichen Aktivitäten in ihrer Qualität als kulturelle Macht zu verstehen und ihre historische Bestimmung im Rahmen einer »dreigegliederten« sozialen Ordnung freizusetzen, ist Ziel dieses aktuellen Essays.

Nicanor Perlas ist Direktor des Center for alternative Developement Initiatives (CADI) und hat als Berater im Präsidialamt der Philippinen an der Abfassung der nationalen Agenda 21 mitgewirkt. In seiner Studie entwickelt Perlas unter Auswertung langjähriger Erfahrungen mit Organen der Zivilgesellschaft, im Blick auf brisante zeitgeschichtliche Phänomene und in Diskussion mit aktuellen sozialwissenschaft-lichen Ansätzen eine innovative Metamorphose der sozialen Reformideen Rudolf Steiners.

Nicanor Perlas erhielt 2003 den alternativen Nobelpreis.

KONTEXT Band 4

Roland Benedikter

Zeitgeist-Symptome

Der Sport: Zur Signatur einer Imagination

Die Aufmerksamkeitsökonomie: Perspektiven einer neuen Wirtschaftsform

Zwei Essays

114 S., € 10,12 / ISBN 978-3-924391-27-0

Roland Benedikter interpretiert die in Rede stehenden gesellschaftlichen Prozesse als Abspiegelung realer geistiger Imaginationen, welche die Evolution des Bewusstseins impulsieren. Dabei verbindet er umfassende Sachkenntnis sowohl des derzeitigen Standes gesellschaftlicher Entwicklungen als auch ihrer öffentlichen Reflexion, philosophischen Tiefsinn und ein niemals aufdringlich werdendes Engagement für ein spirituell-humanistisches Menschenbild, das ihm zum Kompass in den gegenwärtigen Turbulenzen permanenter Innovationsschübe wird. Ein Buch, dessen Lektüre den Blick auf die Welt verändert.

KONTEXT Band 5

Die Jahrhundertillusion

Wilsons Selbstbestimmungsrecht der Völker, Steiners Kritik und die Frage der nationalen Minderheiten heute

236 S., € 16,– / ISBN 978-3-924391-28-7

Als «Vierzehn Punkte» ist das Programm Woodrow Wilsons bekanntgeworden, mit dem der US-Amerikanische Präsident 1918 ein Jahrhundert nationalistischer Bestrebungen einläutete. Was sich zunächst harmlos und vielleicht sogar verheißungsvoll anhörte, stellte sich schon bald als gefährliche geschichtliche Illusion und Konfliktquelle heraus. Für Europa jedenfalls, insbesondere für Ost- und Südosteuropa, sollte sich dieses Selbstbestimmungsrecht als gefährliche Zeitbombe erweisen, die bald hier, bald dort zur Explosion kommen musste. Überall dort, wo in einer geographischen Region mehrere kulturelle Volksgruppen zusammen- oder nebeneinander leben (und das ist sowohl in dem historisch gewachsenen als auch im modernen «multi-kulturellen» Europa eher die Regel als die Ausnahme), muss die Umsetzung nationaler (Vor-) Rechte zwangsläufig zur Diskriminierung von Menschen anderer nationaler Zugehörigkeit führen. Mit dem Prinzip des Nationalstaates jedenfalls kann ein friedliches Zusammenleben der Völker in Europa nicht erreicht werden. Insbesondere die Konflikte auf dem Balkan haben dies in aller Schärfe gezeigt.

Merkwürdigerweise ist zur Regierungszeit Wilsons kaum Kritik an dessen Programm lautgeworden. Mit einer Ausnahme: Rudolf Steiner, sonst eher um freundliche Formulierungen bemüht, hat in ungewöhnlich scharfer Tonart die Auffassungen Wilsons kritisiert.

In dem vorliegenden Band werden historische Bezüge und Ansätze zu einer Überwindung des Nationalstaatprinzips von sieben Autoren unter jeweils unterschiedlichen Gesichtspunkten erörtert.

Mit Beiträgen von:
Ted van Baarda, Markus Osterrieder, Jens Heisterkamp
Jürgen Erdmenger, Ramon Brüll, Arnold Suppan und Valeria Heuberger

Vorwort von **Rupert Neudeck**

KONTEXT Band 6

Klaus Podirsky

Fremdkörper Erde

Goldener Schnitt und Fibonacci-Folge und die Strukturbildung im Sonnensystem

312 S., € 28,– / ISBN 978-3-924391-29-4

50 Jahre nach Entdeckung der DNS als physischem Träger des genetischen Lebenscodes scheint eine weitere grundlegende Struktur des Lebens gefunden: als Ergebnis langjähriger Forschungsarbeit zeigt der Autor, dass unser Planetensystem einer rhythmischen Gestaltung folgt, die entsprechend der so genannten Fibonacci-Folge und dem Goldenen Schnitt angelegt ist. Der Prozess Leben, darauf weisen die Arbeitsergebnisse im vorliegenden Buch hin, begann im Bereich der Rhythmen bereits lange vor dem Entstehen erster Biomoleküle. – War im Anfang der Rhythmus ? Repräsentieren die entstandenen Strukturen des Lebendigen auf unserem Planeten gewissermaßen „nur“ Obertonschwingungen dieses Zusammenklangs des Lebens?

Als Architekt, Künstler und Waldorfpädagoge wählt Klaus Podirsky eine unkonventionelle und bezüglich des wissenschaftlichen Mainstreams paradigmatisch erweiterte Herangehensweise und Auseinandersetzung mit Strukturbildung und Rhythmus. Sein Ansatz bezieht neueste wissenschaftliche Forschungen ebenso ein wie entscheidende Hinweise Rudolf Steiners. Die vorliegen-den Ergebnisse eröffnen eine ungewohnt neue Sicht auf Evolution und Mensch-Sein. Was wir vorfinden, ist die faszinierende These einer gemeinsamen Evolution von Kosmos, Erde und Mensch als Sinn stiftende Ganzheit.

“Man sieht (doch) nur mit dem Herzen gut“ – oder sollte diese Wahrheit wirklich keine Wahrheit für den Wissenschaftler haben dürfen?

Klaus Podirsky

KONTEXT Band 7

Andreas Delor

Kampf um Atlantis

Ein Beitrag zur anthroposophischen Atlantis-Diskussion

232 S., € 22,80 / ISBN 978-3-924391-30-0

Das rätselhafte Atlantis beschäftigt die Menschheit von den ältesten Sagen bis in die zeitgenössische Forschung hinein. Auch in der Anthroposophie Rudolf Steiners spielt die Idee von Atlantis als „Mutter" aller Zivilisationen eine entscheidende Rolle. Aber auch bei Steiner bleibt unklar: wo hat dieser Ur-Kontinent gelegen? Und wie ist es möglich, dass ein ganzer Kontinent praktisch ohne Spuren versunken ist?

Steiners Atlantis-Darstellungen muten heute auf den ersten Blick oft abenteuerlich an und scheinen vor dem Hintergrund der naturwissenschaftlichen Befunde kaum haltbar. Während daher auch manche anthroposophische Autoren von Steiners Atlantis-Konzept abrücken, unternimmt der neue Band der Schriftenreihe Kontext eine wichtige Bestandsaufnahme: was hat Steiner wirklich über Atlantis gesagt? Was davon ist vor dem Hintergrund heute als gesichert geltender naturwissenschaftlicher Fakten haltbar oder wo muss vielleicht auch die Wissenschaft umdenken?
Und schließlich: Wo könnte Atlantis tatsächlich gelegen haben?

Andreas Delor, der sich seit Jahren mit dem Thema Atlantis befasst, versucht in seiner Studie eine Synthese von spiritueller Geistes- und Naturwissenschaft. Ein unverzichtbares Buch zum Thema Atlantis aus anthroposophisch erweiterter Sicht.

KONTEXT Band 9

Annegret Camps, Brigitte Hagenhoff, Ada van der Star

Pflegemodell »Schöpferisch pflegen«

Praktische Hilfestellungen aus einem anthroposophischen Pflegeverständnis

144 S., € 14,80 / ISBN 3-924391-32-4

Im Zentrum des spirituellen, anthroposophischen Menschenbildes steht der Mensch, jeder einzelne, als ein unverwechselbares, im innersten Kern ewiges, göttliches Wesen.

Pflege und Betreuung alter Menschen ist, so gesehen, immer auch die Suche dieses Kernes im anderen. In der Berührung dieses Kernes entsteht Wärme, findet Begegnung statt; in der Begegnung werden unruhige Menschen ruhiger, depressive Menschen gefühlsmäßig erhoben, verwirrte Menschen klarer, Pflegende erhalten Kraft. Die Suche nach dem wirklichen Wesen des anderen, jenseits aller äußeren Zeichen der Vergänglichkeit, rührt an eine tiefe Sehnsucht - die Sehnsucht nach dem Erleben der eigenen Unvergänglichkeit.

Pflege kann nicht heilen, sie kann aber im Umgang mit kranken Menschen immer wieder versuchen, die Rahmenbedingungen zu schaffen, damit Heilung eintreten kann. Sie kann auf körperlicher Ebene Hand anlegen und die Lebenskräfte unterstützen, auf seelischer Ebene durch Gestaltung des Umfeldes und der Begegnung das seelische Gleichgewicht und Kohärenzgefühl stärken, auf geistigem Felde den Menschen in seiner Individualität würdigen und ihm helfen, selbst den Weg zu finden und zu gehen, der für ihn im Sinnzusammenhang seines Schicksals der richtige ist.

KONTEXT Band 10

Michael Habecker

Ken Wilber – die integrale (R)EVOLUTION

Einführung in Theorie und Praxis eines neuen spirituellen Ansatzes

236 S., € 19,80 / ISBN 978-3-924391-35-5

Mit immer neuen Entwürfen arbeitet der amerikanische Bewusstseinsforscher Ken Wilber an einer neuen spirituellen Synthese menschlichen Wissens.

Dieses Buch ist eine der ersten Darstellungen Wilbers in deutscher Sprache, die gerade auch die jüngste Entwicklungsphase Wilbers berücksichtigt und ihre Folgen in zahlreiche Gebiete hinein praxisnah verfolgt.

Michael Habecker verfolgt seit 1985 das Werk Ken Wilbers, hat zahlreiche Texte von ihm ins Deutsche übersetzt, war Mitgründer des Arbeitskreis Ken Wilber e.V., der Integralen Bibliothek und der Integralen Initiative Frankfurt. Mit zahlreichen Seminaren, Diskussionen und Zeitschriftenbeiträgen in den zurückliegenden Jahren gilt er als einer der profiliertesten Kenner Wilbers im deutschsprachigen Raum.

KONTEXT Band 11

Christian Grauer

Am Anfang war die Unterscheidung

Der ontologische Monismus. Eine Theorie des Bewusstseins im Anschluss an Kant, Steiner, Husserl und Luhmann.

120 S., € 13,60 / ISBN 978-3-924391-37-9

Die Spaltung von Subjekt und Objekt, von Idee und Wirklichkeit, von Sein und Bewusstsein beherrscht seit jeher das westliche Denken. In einem mutigen Entwurf zeigt die vorliegende Studie einen Weg, diese Gegensätze in Form eines „ontologischen Monismus'" auf ihre ursprüngliche Einheit zurückzuführen. Anknüpfend an Kant, Husserl, Steiner und Luhmann entwickelt der Autor einen eigenständigen Ansatz der Bewusstseinsphänomenologie, welcher auf philosophischer Basis zu Perspektiven für die letzten Fragen gelangt: Warum ist überhaupt etwas? Gibt es einen Grund aller Erkenntnis? Damit wird das Buch gleichzcitig eine erkenntnistheoretische Grundlegung für die Erfahrung der spirituellen Einheit von Mensch und Welt.

Christian Grauer studierte Philosophie und Linguistik in Stuttgart, Berlin und Urbino (Italien). Die vorliegende Studie ist seine erste philosophische Veröffentlichung.

